智元微库
OPEN MIND

成 长 也 是 一 种 美 好

第一性原理

李善友 著

人民邮电出版社

北京

图书在版编目（ＣＩＰ）数据

第一性原理 / 李善友著. -- 北京：人民邮电出版
社，2021.7
ISBN 978-7-115-56738-3

Ⅰ．①第… Ⅱ．①李… Ⅲ．①问题解决(心理学)
Ⅳ．①B842.5

中国版本图书馆CIP数据核字(2021)第115319号

◆ 著　　　李善友
　　责任编辑　张渝涓
　　责任印制　周昇亮
◆ 人民邮电出版社出版发行　　　北京市丰台区成寿寺路 11 号
　　邮编　100164　　电子邮件　315@ptpress.com.cn
　　网址　https://www.ptpress.com.cn
　　涿州市京南印刷厂印刷
◆ 开本：880×1230　1/32
　　印张：7.75　　　　　　　　　　2021 年 7 月第 1 版
　　字数：150 千字　　　　　　　　2025 年 9 月河北第 22 次印刷

定价：69.00 元

读者服务热线：（010）67630125　　印装质量热线：（010）81055316
反盗版热线：（010）81055315

自序

2020 年，突如其来的疫情是一场灾难，身处其中的每个人都需要反思：我们应该在此时此刻做些什么，才能迎来完全不同的未来？于我而言，这是一个暂停键，让我停下来反思：混沌学园应该做什么，才能更好地帮助中国广大的创业者？

9 年前，我弃商从教，起初在中欧国际工商学院讲课，后来创办了混沌学园。这些年里，我主持了 7 期创业营、4 期创投营、3 期创新院，听起来做了很多事，其实只做了一件事。我是一个讲课的手艺人，我的理想就是做一门世界级的课程，我将所有的时间、精力都用在讲课这件事上。

创新式生存

疫情之后，每个人、每个组织都回不到过去，所有人都将面临挑战和选择。此时，有一个词非常打动我——创新式生存。

我们突然发现，已经适应的环境突然改变，脚下赖以生存的根基正在坍塌，要想生存下来，只有两条路可以选：一是在原有的基础上，加固即将坍塌的根基，这一条路相对容易一些，这也是大多数人的选择；二是找到新地基。

此时，我想起了英国前首相丘吉尔的一句话："永远不要浪费一场好危机。"也许脚底的根基坍塌了未必是件坏事，我们可以找到一个更加稳固的新地基，并在新地基上盖起高楼，所以我称它为"创新式生存"。当然，这可能是一条正确但艰难的路。

在过去，创新是一种奢侈品，只要管理做得足够好，第一曲线足够扎实，就可以从容地开始第二曲线创新。如今，行走在刀刃上的危机感从脚底向上蹿升，创新变成必需品，只有创新才能活下来，面对快速变化的环境以及巨大的不确定性，唯有创新才能帮助我们打赢这场必须打赢的仗。

用哲科思维点亮创新

在过去，我无时无刻不在思考以下两个问题："什么是创新？""我们应该如何创新？"寻找这两个问题的答案，已经成为我余生最大的使命。

当你不知道自己是谁的时候，想一想你的偶像是谁。我的偶像是柏拉图，他说真正的教育不是传授知识，而是唤醒，把大家带到洞穴之外。

公元前 387 年，40 岁的柏拉图失意地回到雅典，建立了柏拉图学园，专门讲授哲学、科学、数学等看似无用的学问。这个学园历时 900 年，可以说是西方第一所真正意义上的大学。

公元 1440 年，希腊人普勒托在佛罗伦萨重建柏拉图学园。在黑暗的中世纪，柏拉图的哲学点亮了达·芬奇、米开朗琪罗、拉斐尔，点亮了欧洲，引发了伟大的文艺复兴、科学革命、工业革命，以及后世数不清的变革与发展。

如果再往后看千年，我们不禁要问：哲科思维在今天还重要吗？当代高速的社会发展是否仍然与哲科思维有关？苹果联合创始人史蒂夫·乔布斯（Steve Jobs）说过："我愿意用我所拥有的科技，去换取与苏格拉底相处的一个下午。"这句话也道出了我的心中所愿——学习哲学与科学先哲的智慧在当代社会依然非常重要，尤其是在创新创业领域，而用哲科思维点亮创新，也将是我未来奋斗的主场。

英雄之旅

柏拉图把人类的认识分为 4 个等级，由低到高依次为：想象、信念、理智和知识。类似地，我将人类的思维分为 4 层，由低到高依次为：感性思维、理性思维、哲科思维和觉性智慧。我们所学习的一切内容，都是帮助我们从较低的楼层上升到较高的楼层。这种攀登的过程，也是进阶的过程（见图 0-1）。

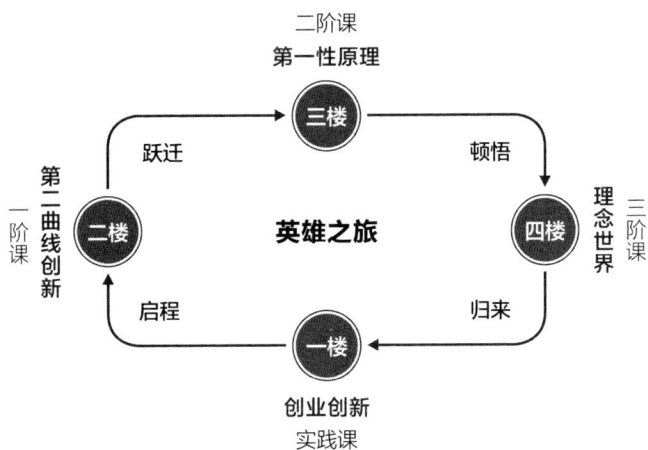

图 0-1 英雄之旅

一阶课

在图 0-1 中，一楼是实践课，混沌学园的一阶课就是二楼，我们称之为"第二曲线创新"。这是混沌学园的基础课"创新"，理论源自熊彼特的"创造性破坏"和克里斯坦森的"颠覆式创新"。

熊彼特有一句名言："你无论把多少辆马车连续相加，也绝无可能出现一辆火车。"他坚信，只有从一条曲线到另外一条曲线的非连续性创新，才能产生经济的十倍速增长。

主流商学院教授的是在同一条曲线之内的管理和运营，但是混沌学园从成立的第一天就专注研究曲线转换的创新方法论。历时 9 年的研究，我们摘取 8 个创新思维模型，努力把创新变成一套通用的语言体系，变成可练习、可实践的能力。

"让创新助力每一个人，每一个组织成就不凡。"这是我们的使命之一。

二阶课

三楼是二阶课，我们称之为"第一性原理"，这是混沌学园的核心课：哲科思维。课程根基是亚里士多德的"第一性原理"和欧几里得的"公理化思维"。

欧几里得用几条公理和公设，演绎推导出了整个几何学，这是人类思维的奇迹。他影响了西方许多哲学家、科学家、企业家的思考方式。甚至可以说，哲科思维就是工商业文明的底层算法语言。混沌学园是第一个，到目前为止可能还是唯一一个，把哲科思维推荐给中国创新者的学校。

"把哲科思维灯火传薪给中国的创新者。"这是我们的使命之二。

三阶课

四楼是三阶课，我们称之为"理念世界"，这是混沌学园的前沿课：根智慧。它还在疯狂生长中，扎根于柏拉图的"理念世界"和乔达摩的"觉性智慧"。

科学时代的根本问题：它成立于一个巨大的黑洞之上，却无人关心这个黑洞到底是什么，每个人只顾快速向前奔跑。今天人类面临的各种问题，都是这个结构性缺陷的表现而已。

人类正在进行一场生死攸关的大竞赛，是奇点临近的速度和人类意识进化速度之间的一场大竞赛。我认为，这是文艺复兴之后最重要的一件事情。

"用智慧铺就一条通往至善的路。"这是我们的使命之三。

从一阶课到三阶课完美地构成了《千面英雄》中所描绘的英雄之旅，从启程开始，经历跃迁、顿悟，最终回到实践，并帮助更多的人一起看到更大的未来。

人人都是创造者

9年中，混沌的同学群体越来越大，我们欣喜地发现，"90后"乃至"95后"等越来越多的年轻人加入其中。关于创新的话题也越来越深入本质、融入日常：

如何找到个人事业的第二曲线？

第一性原理式的思考，如何帮助我突破职场晋升瓶颈？

个人使命如何与组织使命同频共振形成合力？

……

创新学科如同具有能量的春雨，不仅滋养着千万个商业组织，同时也滋润着极富生命力的个体！逐渐地，"创造"这个词从"创新"中生长而来。

如果你是组织的领导者和管理者，你会非常渴望与组织中的每个个体分享创新的心法，让每个个体都成为组织前进的创造者。从"创新"到"创造"，赋能每个人，使之成就不凡。

"人人都是创造者"，正是创新学科走到当下，我们对每个混沌人内心力量的呼应，而混沌学园的创新学科也正基于每个个体都是拥有与生俱来的创造力这一基石假设之上。生逢其时，与你共振，探寻使命。

人，生而追寻意义。疫情过后，尤其如此，此刻，或许大部分人的心中，既心怀劫难后的幸运，又略带惶恐，渴望走向未来的笃定。欢迎你和我们一起走进混沌学园，找到你内在的力量，创造出一个全新的世界。

目录

第一性原理：任何理性系统的根基性命题

归纳法是通过实践推导结论，把连续性的经验推广到一切时空。然而，并非所有事物都有连续性，固有的思维会让你陷入"归纳法谬误"。打破认知边界，实现第二曲线创新，你需要全新的思维模式——演绎法。但是演绎法必须有一个基石，一个来自系统之外、能够逻辑自洽的元起点。这个元起点既可以称为第一前提、逻辑奇点，也可以称为第一性原理。

在具体讲解第一性原理之前，我们需要先了解一下人类日常生活中常用的两种基本逻辑方式：一种是归纳法；另一种是演绎法。

归纳法是人类最基础、最常见的用"智"形式，这是一种内置在人类基因中的思维定式。人们会从具象的经验中归纳出抽象的知识。在日常生活中，我们通常把这个规律称为"经验"。

演绎法也是我们应当很熟悉的一种思维习惯。按照清华大学吴国盛教授的说法，演绎法是理性思维的主要方式之一。它是一种很奇怪的思维，简单来说，它是一种逻辑自证的学问。只要具备元起点，人们就可以通过演绎法一步一步推演出未来。

归纳法与演绎法是人类主要的两种思维方式，只有了解了这两种思维方式，我们才能进入第一性原理的语境当中，才能知道第一性原理能够在哪些领域发挥作用。

空间性归纳与时间性归纳

在具体讲解"归纳法误区"之前，我们首先需要充分地了解这种思维模式的具体内涵。通常，人们在使用归纳法时，往往会先设定一定的参照。而从人类的思维惯性出发，这种参照往往是空间或时间。

所谓空间性归纳，简单来说，就是人们会默认在某个空间内有效的规律，在其他空间甚至全部空间中也是有效的。就好像一个创业者在某一个区域市场上获得了成功，就会想当然地认为自己在其他市场上也可以取得成功。我们可以用一个更通俗的例子来说明。

如果人们在欧洲看到的所有天鹅都是白色的，在非洲看到的所有天鹅都是白色的，在亚洲看到的天鹅也都是白色的，那么人们自然就会默认全世界的天鹅都是白色的。

时间性归纳，顾名思义就是人们认为某些在过去的时间里成立的规则，在当前甚至未来的时间里也同样有效。就好比在我们的认知中，太阳总是从东方升起，所以将来太阳还会继续从东方升起。

归纳法是一种把一定时空边界之内的规律推广到所有时间和空间中的思维方式。几千年来，无论是东方人还是西方人，大家默认都会使用这样的思维方式。我们甚至可以说，99%的人类日常知识、经验建立在归纳法之上。

在企业的经营中，实际上也存在很多应用归纳法的例子，尤其是在创业公司中。为什么说创业者最擅长使用归纳法？例如，所有创业公司在融资阶段中都不可避免地要制作商业计划书，而在所有的商业计划书中，必然会存在一条昂扬向上的曲线，这条曲线可能是用户数的增长、收入的增长，利润的增长，等等。这条昂扬向上的曲线背后，实际上隐含着创业者想要让投资人感知到的内容，在当前的空间和时间条件下，创业公司能够保持持续的增长，那么在未来的时间里，在更加广阔的市场上，创业公司同样会取得更加辉煌的业绩。这背后的思维方式，实际上就是归纳法。

归纳结果的可重复性

归纳法不仅被人类广泛地应用于认知层面，还在科学领域中具有重要的地位。1620 年，英国哲学家弗朗西斯·培根（Francis Bacon），在《新工具》[1]一书中首次提到了科学主义的归纳方法，该方法被称为"培根方法"。他认为"科学工作者应该像蜜蜂采蜜一样，通过搜集资料，有计划地观察、实验和比较，揭示自然界的奥秘"。迄今为止，归纳法依然是科学家在进行实验室工作时使用的主要方法之一。

既然是科学，自然要让所有人信服。在科学实验中，科学家通过系统的操作得到某种新发现，他们会通过发表论文的方式告知全世界。但是对于其他科学家来说，这种发现是否成立，还需要一个条件——实验结果的可重复性。

也就是说，这个新发现必须由其他科学家在另外的时空

---

[1] 弗朗西斯·培根.新工具 [M].许宝骙，译.北京：商务印书馆，1984.

中，按照实验步骤将结果成功重现，才能确保这种发现的有效性。独立的可重复性是科学界检验规律是否成立的重要方法论。如果不能通过验证，实验的成果就无法被学术界认可。

2016 年，某大学的基因编辑科研团队，发表了一篇标题为 "DNA 指导的 NgAgo 基因组编辑"（*DNA-guided Genome editing using the Natronobacterium gregoryi Argonaute*）的学术论文，声称发现了一种新的基因编辑方法，一时间引起了学术界的广泛关注。但经过其他基因科学家的验证发现，根据该团队公布的实验过程，并不能得到相应的结果。在学术界质疑的声音中，该科研团队不得不承认实验过程存在不严谨的设计，相关论文也被撤回。

只能证伪，不能证明

　　虽然在科学领域中，归纳法将所谓的"独立可重复性"作为标准，从而确保实验结果的有效性，但这并不意味着，我们通过归纳法总结出来的规律就一定是真实的。

　　18世纪，苏格兰哲学家大卫·休谟（David Hume）在《人类理解研究》[1]一书中提到了归纳问题，该归纳问题又被称为"休谟问题"。他认为"我们不能以先验的知识证明未来就会和过去一致，因为（在逻辑上）可以思考而出的明显事实是，世界早已不是一致的了"。简单来说，休谟提出的就是所谓的"归纳法谬误"，其实是在强调未来的世界未必与过去或者现在的世界相同，所以在过去或现在有效的规律在未来却不一定依旧成立，即把一定时空边界之内的小概率事件，推而广之为整类事物超时空所共有的规律。其实，人类所犯的很多错

---

[1] 大卫·休谟.人类理解研究[M].关文运，译.北京：商务印书馆，1997.

误都是源于把边界之内的规律不恰当地推到了边界之外。

还是以我们前文提到的天鹅的认知问题为例，我们在欧洲看到的天鹅是白色的，在非洲看到的天鹅是白色的，真的就意味着所有的天鹅都是白色的吗？答案当然是否定的，因为在澳大利亚，还分布着少量但确实存在的黑天鹅种群。

归纳法谬误说明了一个可怕的事实：在过去的几千年里，我们一直在使用甚至在未来会继续使用的思维模式并不能准确地诠释事物背后的规律。即使所有前提都是正确的，我们也无法确保总结得到的结果一定为真，而独立可重复性验证规则的存在，只能用来判断归纳结果是否存在问题，却无法验证结果的正确性。换句话说，归纳法的结论就是等待被推翻的假说。

就像英国哲学家卡尔·雷蒙德·波普尔（Karl Raimund Popper）所说的那样，科学理论和人类所掌握的一切知识都是推测和假想，人类在解决问题的过程中不可避免地掺入了想象和创造，从而使问题能在一定的历史、文化框架中得到解答。人们只能依靠仅有的数据提出这一科学理论，然而，又不可能有足够多的实验数据证明一条科学理论绝对无误。在此基础上，波普尔得出了科学的第一大特性——可证伪性，即有可能被证明是错误的那个学问才是科学。如果一个学问永远不可能被证明是错误的，那么这个学问就不是科学。

总而言之，归纳法只能证伪，却不能证明。

连续性假设是归纳法的隐含假设

我相信，大多数人在了解归纳法之前，都会认为在之前的生活中了解到的知识都是真理，归纳得到的规律都具有一定的指导意义。这种现象在创业者身上尤其常见，因为能够成为创业者的人，自信是必备的个人特质之一。而过于自信的人，往往会对自己的认知格外信任。

除此之外，更加真实的原因是人们总是下意识地忽略或默认推论过程中的隐含假设。所谓隐含假设，就是推论在逻辑层面的大前提。在固定的时空中，忽略已经经过验证的前提去推导结果，在某种程度上是行之有效的。但在涉及时空转换的归纳思维当中，时间性归纳法的隐含假设是未来和过去一样；空间性归纳法的隐含假设是一个地区与另一个地区的特性相同。这两种隐含假设虽然也经过验证，但是用归纳法总结出来的规律。

所以，推翻一个结论，不要从结论入手，而是要从它的隐含假设开始，如果根基的隐含假设不成立，结论自然不成立。这也是辩论高手的常用方法，从基石和结构切入，不要从内容入手。

在我们过去的经验里，太阳总是从东方升起，所以我们想当然地认为，将来太阳会继续从东方升起。这种想当然，来自我们的潜意识，默认了未来与过去一样的隐含假设。但未来与过去一定一样吗？关于这个问题，我相信大多数人的证明方式是这样的，因为今天与昨天一样，昨天与前天一样。所以，在我们的经验里，未来总是和过去一样。实际上，我们只是在使用归纳思维证明这种隐含假设是正确的。而归纳法只能证伪，不能证明，所以我们自认为合理的隐含假设，只不过是时空上的连续性假设。

在著名的科幻作品《三体》[1]中，作者刘慈欣描绘了一个地球与宇宙中其他文明斗争交流的宏大未来，其中主要的线索就是地球与想要占领地球的外来世界"三体"文明之间的战争。

在全书的第二篇章"黑暗森林"中，刘慈欣描绘了这样一个场景：作为"面壁者"（地球对抗三体人的领袖）之一的罗辑教授，在傍晚时分，带着自己的孩子到与三体文明联结的信号塔下面去玩耍。与罗辑联结的三体人问他："为什么太阳要落下了，你的孩子却不害怕呢？"罗辑回答道："因为孩子知道，明天太

---

[1] 刘慈欣. 三体 [M]. 重庆：重庆出版社，2010.

阳还会升起。"

虽然这种回答对于地球上的人来说再正常不过，但对于绕着三颗恒星不规则运动的三体星球来说，第二天是升起一个太阳，还是两个、三个，或者是根本没有太阳，这些都是完全不知道的。所以，在我们看来如同真理的规律，在其他时空中，并不一定成立。

虽然科幻作品中描述的未来世界并不一定为真，但至少说明了一点，连续性假设是归纳法得以形成的隐含假设，它是归纳法得以形成的前提性假设，而连续性假设并不是归纳法本身能够证明的。我们需要的证据是我们要证明的对象，从逻辑层面来看，我们根本没有办法证明连续性假设，这是一个无限循环的悖论。

连续性假设不是一个逻辑推理的结果，而是一个非逻辑的武断，它是一个默认正确的隐含假设，而不是必然正确的知识。所以，休谟说太阳从东方升起只是一个假设而已。

德国哲学家伊曼努尔·康德（Immanuel Kant）说过，"哲学家的事业在于追究所谓自明的东西。"如果你有机会从固有的思维模式中跳脱出来，你会发现生活、工作中很多所谓自明的东西，其实都是假设。打破固有的思维模式，往往会发现一个全新的认知边界。

求存不求真的阿喀琉斯之踵

　　既然作为归纳法得以形成的隐含假设——连续性假设从逻辑上无法证明它，那么是不是就意味着人类一切建构在经验归纳之上的知识都不成立呢？休谟说，所有建立在经验归纳法之上的知识都不叫知识。如果单纯从这个论断本身出发，这种说法是准确的，但从生存的角度思考，归纳法又是不可或缺的。

　　假设我们想要问"天鹅究竟是什么颜色"这个问题，找到一个符合真理标准的答案，那么我们就需要去统计全世界所有天鹅的数据，不仅是现在的天鹅，还包括过去和未来的天鹅。这已经不是工作量的问题，在人类的科学技术达到足以跨越时空之前，这个问题几乎不可能找到真正的答案。但这又有什么关系呢？天鹅是黑色的还是白色的，抑或是其他颜色的，对于我们的生活并没有太大的影响。当人们把小样本的天鹅，归纳为一个规律，这里固然有损失性，但是可以得到一个暂时正确的结论。

所以，针对这种问题，人类进化出一种合理的认知习惯，即用较小的认知成本获得维护我们生存所需要的信息量。人们之所以会这样做，是因为这样才能在付出最小成本的前提下，获取相对正确的知识，所以归纳法不能得到真理，但可以帮助我们生存下来或者暂时性生存下来。这就是人类的最小作用力原理。

为此，人类在知识的获取和传授过程中，通常都是默认未来不会变化，节约大脑的预算空间，从而用较小的能量消耗，维持了生存所必需的认知能力。就像我的老师、自由学者王东岳先生所说的那样，"你必须将上述结论作为有效证明且武断地接受下来，否则，你将陷入永无所知的困境。从本质上讲，知识在一定时空边界内帮助我们得以求存，但它并不能帮助我们得到这个宇宙、这个世界的真相是什么。它是根本做不到的。"尽管现阶段的所谓知识并不是真理，但它对于维护我们的生存足够了，这就叫"求存不求真"。

尽管求存不求真的思维模式保证了人类当前的生存，但也留下了致命的缺陷。任何归纳法都有时空边界，一旦越过边界就会遭遇非连续性节点，原本成立的规律立即失效。但人类的认知具有连续性和局限性，人类不但总是忽略边界的出现，而且在跨越边界之后，仍然会习惯性地以原有的规律去衡量事物，这就是所谓的"人类思维的阿喀琉斯之踵"。

对于很多最初接触归纳法哲学理论的人来说，这种问题看起来更像是一个无足轻重的抬杠式问题。必须承认，我第一次从《世界观》[1]一书中看到这种理论时，我也觉得无可厚非，没有任何实际意义。后来，随着人生经历的逐渐丰富，我才发现，这或许是人类一切人事兴衰的根基性原因。

回到商业场景中，管理者通常都是基于经验预测未来，因为我们相信过去和未来之间存在连续性。对管理者来说，经验是决定经营效果的重要因素；对员工来说，经验是决定工作能力的关键指标。这种认知仿佛已经成了行业的共识，所以越来越多的企业在提拔管理者和招聘员工的时候，会将经验作为主要的考查项目。但几乎没有人去深究过，经验的指导意义真的可以贯穿一家企业发展的始终吗。

实际上，在"过去的经验在未来依然有效"这个命题下，隐藏着未来与过去一样的时间维度连续性。当产业周期缓慢变化时，企业所处的产业周期即为连续性，在这种情况下，归纳法的确是最有效的管理思维——极小的消耗带来极快速的产出。在这种情况下，通常可以根据过去的趋势和平均值预期未来，每年做的年终预算就是如此。但是市场产业并非总是连续性的，当企业的发展跨入新阶段或者行业市场发生了质的变化时，企业就会面临跨越非连续性的问题。这时用原来归纳法思维总结出来的规律指导未来，不但毫无益处，反而有害。这就是我们经常提及的第一曲线与第二曲线转换的问题。

---

[1] 理查德·德威特.世界观[M].孙天，译.北京：机械工业出版社，2018.

而且，当企业的发展发生重大改变，第二曲线和第一曲线存在非连续性时，在原有业务曲线中经验丰富的员工，在新的业务曲线中往往表现得拙劣。因为他们身处体系之内，被连续性假设裹挟，根本无法摆脱思维惯性对自身的禁锢，如同我们不能抓着自己的头发把自己抓起来一样。站在归纳法之内，无法摆脱连续性的隐含假设，这就是所谓的"当局者迷"，所以我们需要学习更高维度的思维模型。

演绎法三段论

既然归纳法无法在非连续性的时空中确保其有效性，那么我们在从第一曲线跨越到第二曲线的时候，自然需要另外的思维模式作为指导，我认为这种方法就是演绎法。

演绎法不是我们熟悉的思维方式，并且需要有一定的思考能力。归纳法是将眼睛看得到的事实归纳为规律，基本上用的是感性思维，而演绎法是理性思维的主要用智形式。

演绎法起源于古希腊的演绎知识，是一种根据元起点利用正确的逻辑推导出新知识的思维方式。其实，不仅是演绎法，今天的许多科学都启蒙于古希腊文化。如果不是古希腊的一众先贤创立并发展了哲学，科学的诞生与发展也无从谈起。而在古希腊哲学中，最基础的用智方式就是演绎知识。

古希腊的哲学家和科学家相信，世界上始终存在一个必然正确的元起点，从这个元起点出发，通过逻辑性的推导，人们就可以获得新知识。但是，为什么古希腊的哲学家会相信元起点的存在呢？被誉为希腊三贤之一的柏拉图（Plato）对此是这样解释的，他认为知识就是回忆，即真正的知识是本来就有的，你只要把它回忆起来，以它为元起点就能推导出全部的新知识。柏拉图的这一思想为演绎法奠定了基础，但没有提出具体的推导方法，这部分工作是由他的学生，即同样作为希腊三贤之一的亚里士多德（Aristotle）来完成的。

可以说，亚里士多德是西方世界观的奠基者。在哲学领域中，但凡提到"哲学家"这个词，大多数人首先会想到的就是亚里士多德。他以一己之力建立了"逻辑学"这门学科，对今天的科学研究产生了巨大的影响。毫不夸张地讲，逻辑学堪称其他所有科学的语言。亚里士多德在逻辑学方面有一个重要的特性表述——必然的导出。

简单来讲，亚里士多德认为，从一件事物推导出另一件事物，中间存在一个必然的导出，而这个导出的过程就是所谓的逻辑。根据这种认知，亚里士多德创造了演绎法中的经典句式，即我们常见的三段论。

三段论，顾名思义有三个组成部分，即大前提、小前提和结论。在大前提和小前提正确的基础上，结论必然成立。我们可以用一个经典的三段论句式来说明。

所有人都会死，
苏格拉底是人，
所以苏格拉底也会死。

在上面的三段论中，如果大前提和小前提是正确的，那么第三句结论一定为真。与归纳法相比，演绎法的一大优点恰恰是可以保真，而使用归纳法时，无论前提多么正确，做多少实验去验证，也不能保证结论一定为真。

逻辑比事实更真实

从形式上来说，归纳法与演绎法都是通过前提推导结果，为什么归纳法只能证伪，不能证明，但演绎法可以保真呢？

原因很简单，在演绎法的推导过程中，存在一个重要的准则——逻辑正确。也就是说，我们从 A 推导出 B，中间的过程必须符合正确的逻辑。古希腊人甚至认为，从 A 事物到 B 事物之间的逻辑才是实体，而 A、B 这两个事物不一定是实体。

关于演绎法和归纳法之间的争论由来已久，争论的核心就是逻辑与实践的关系，是逻辑引导实践，还是实践引导逻辑。换句话说，这个问题涉及逻辑是真实的，还是实践是真实的。关于这个问题的答案，我们可以从历史中获取。

东方古老文明的本质是技术和艺术，而技术和艺术是建立在实践操作之上的，实践操作在先，经验总结在后，这是典型的归纳法。换句话说，这是一种运行在操作上的试错法，俗话说"实践出真知"，这就是东方人思维的原型。我们相信实践第一，真知第二，真知建立在实践之上。

与以实践引导真知的归纳法不同，起源于古希腊对哲学和科学思考的演绎法思维模式更倾向于相信逻辑假设在先，实践检验在后。

在实际操作过程中，我们可以先用一个抽象的理论假设来指导未来的生活和工作，然后用未来的实践结果来检验这个理论是否成立。这种思维方式的缺点是速度慢，想要找到一个深刻的抽象理论并不是一个简单的过程。但其优点也非常明显，根据这种思维模式确认出来的理论，往往具备可迁移性，只要在逻辑上成功地推导出一个共同的抽象概念，与此相关的所有具象问题就都可以解决。

在伟大的英国物理学家艾萨克·牛顿（Isaac Newton）之前，世界上并没有"力学"这个概念，大家都是在日常经验中，从一些与力和运动相关的事物去揣测。而牛顿提出 $F=ma$（力的大小 = 物体的质量 × 加速度）这一公式之后，与力相关的问题一下子全部迎刃而解。在这之后，英国的发明家詹姆斯·瓦特（James Watt）把力学基本原理应用于蒸汽机的发明制造中，由此引发了第一次工业革命。工业文明由此诞生。

对牛顿而言，他并没有解决任何实际问题，他提出的力学公式也不是从蒸汽机发明和改善的经验中归纳出来的。他只是发现了一个抽象的逻辑，然后帮助后世的人们解决了大量的力学问题，这就是演绎法思维模式的力量。

当然，对于已经习惯了东方思维的我们来说，想要快速地接受西方哲学家所说的，逻辑比事实更真实，只要逻辑成立，事实一定成立的思维模式，并不是一件容易的事情。毕竟，让人们相信"看得见、摸得着的东西并不一定是真实的，但看不见、摸不着的逻辑一定是真实的"这个道理，听上去有些天方夜谭。

所以，大家到混沌学园来学习，首先要转变思维。思维方式转变之后，你会发现，自己的思想境界会有一个质的飞跃，我们称之为"启蒙"。

我的启蒙得益于当年在斯坦福大学求学期间，有幸听到美国华裔物理学家、中国科学院外籍院士张首晟教授讲课。有一次张首晟教授讲到，所有大科学家都用演绎法。当时尚不了解演绎法思维的我，提出了这样一个问题：既然大科学家都用演绎法，那么为什么还会有那么多在实验室里做研究、做实验的科学家？张教授回答说，这些实验室研究都是为了验证大科学家提出的假设而准备数据。也就是说，大科学家提出一个理论假设，然后很多科学家在实验室中做实验，通过实验验证这个假设是否为真。

所以，什么是混沌学园的味道？混沌学园相信本质思考，相信逻辑和必然的导出，相信逻辑比事实更真实，这就是混沌学园的味道。

在了解了归纳法与演绎法之后，我想问大家一个问题：对创业者来说，创业需要演绎法还是归纳法呢？

我相信大多数人会选择归纳法，通过实践获取经验，然后将经验推广、扩大。实际上，如果企业的发展始终沿着第一曲线不断进步，归纳法确实有效。但在现实中，所有成为顶尖企业的公司，几乎不存在凭借一条曲线持续发展的情况。企业在从第一曲线向第二曲线转换的区间，也就是我命名为创新的领域的时候，需要的就是演绎法，即大胆提出假设，并用实践去验证。

前提的准确性是演绎法的隐含假设

第一性原理是哲科思维中的重中之重，因为如果没有第一性原理，所有理性系统的建立就都无从谈起。在不同的系统中，第一性原理存在的形式也有所不同。在科学领域，科学家总是把第一性原理称为第一因；在哲学领域，哲学家常常将第一性原理与逻辑奇点画上等号。但无论在什么系统中，第一性原理作为系统的根基性命题的地位始终都无法被撼动。

从第一性原理出发，我们可以演绎推理出系统中各种各样的上层建筑。而根据不同层级的第一性原理，我们也可以在不同层级的系统之间建立紧密的联系。虽然第一性原理通常隐藏在系统之外，但它为系统的进步提供了源源不断的根基性动力。

虽然演绎法思维可以从逻辑的维度高效地解决某个领域的全部问题，但演绎法有一个结构性的问题——不能证伪。

在演绎法推导的过程中，只有前提正确，结论才能正确。

但是，我们如何确认前提是正确的呢？归根结底，演绎法的前提来自归纳法，所以演绎法终极无效。举例如下。

所有人都会死，

苏格拉底是人，

所以苏格拉底也会死。

在这个命题中，前提是所有人都会死。挑战在于，凭什么说"所有人都会死"？回答这个问题，我们只能从记忆、经验的角度总结出"世界上没有长生不老之人"这一观点，以此验证这个前提的正确性。因为作为前提的认知来自归纳法，而归纳法是不能保真的，所以我们也无法判定演绎法推导出的结果的正确性。

在三段论演绎法中，只有前提正确，才能保证结论正确。从这个角度来说，演绎法的隐含假设就是前提。演绎法的价值在于其可保真性，实际上，可保真性取决于前提为真，而来自归纳法的前提不能确定为真。所以，使用演绎法的关键在于确保前提的正确性，即前提不能来自归纳法。

这时有且仅有一条路，即三段论的前提如果不能来自归纳法，就必须来自一个更高链条的演绎推理所推导出的一个结论。在一般情况下，在一个更大的系统中，经过演绎推理推导出的一个结论，对于包含在大系统中的子系统而言，可以把这个结论继承过来作为新推论的大前提，同时可以保证这个大前提为真。

　　这时，问题又来了：我们怎么能保证在大系统中演绎法前提的确定性呢？同样的道理，这个前提不能来自归纳法，所以我们只能从更大范围的系统中找到一个演绎推理的结论，将它继承过来作为三段论的前提。

　　当然，演绎法的链条不能无限地倒推下去，最终必须有一个基石，即一个能够自确定的元起点——第一性原理（First Principles）。

任何系统都有自己的基石假设

早在 2300 年前，亚里士多德认为，在每一系统的探索中，存在第一原理，它是一个最基本的命题或假设，不能被省略或删除，也不能被违反。这里的"第一原理"[1]，就是我们所说的第一性原理。

在哲科思维中，有一个最底层、最根基性的算法公式：

第一性原理 + 演绎法 ⟹ 理性系统

也就是说，依据已经给定的某个第一性原理，加上演绎法的推理方式，我们就可以把系统之内的其他所有命题推理出来。换句话说，任何理性系统内部都是用演绎法来推论的，而推论必须建立在第一性原理之上，我把它画成一个模型（见

---

[1] 郎为民 . 埃隆·马斯克：颠覆，岂止于特斯拉 [M]. 北京：化学工业出版社，2016.

图 1-1 ）。这里我把第一性原理放在理性系统之外，它是系统的大前提，由它加上演绎法，推导出整个理性系统。

图 1-1　理性系统与第一性原理

需要提醒大家的是，这里有一个非常重要的"单向性法则"[1]。第一性原理是一个直接给定的且可以自确认的元前提，而不是在这个系统中推理出来的结果。

对于理性系统而言，第一性原理就像深埋地下的地基，人们通常只能看见地基之上的楼层，而忽略地基的存在；但地基又是如此重要，因为只有地基越深，大楼才能建得越高、越稳固。这就是第一性原理传达的含义。

第一性原理的特性有很多种不同的表达方式。它是系统之外的，既是自确定的，也是元起点，对应我们在中学学到的概

---

[1] 从第一性原理可以推至其他所有命题，而其他命题无法推导出第一性原理。

念——"公理"。它是基石假设，是整个推理过程中的第一因，又被称为"逻辑奇点"等。如果深究，这些不同的描述确实存在一定的区别。但对于我们在生活、工作中的实际应用来说，这些区别基本上可以忽略不计。站在不同的表达角度，第一性原理在实际应用中的含义也不尽相同。但在实际应用的过程中，对我们而言，只要是决定系统的元前提，我们都可以称之为"第一性原理"。

关于第一性原理的基石特性，在科学和哲学领域中都有着广泛的认知基础。科学家认为，爱因斯坦的广义相对论是用于描述宇宙演化的正确理论。在经典广义相对论的框架里，霍金和彭罗斯证明了，在一般条件下，空间－时间一定存在奇点，最著名的奇点就是黑洞里的奇点和宇宙大爆炸处的奇点。在奇点处，所有定律以及可预见性都将失效。奇点可以被看作空间时间的边缘或边界。只有给定了奇点处的边界条件，才能由爱因斯坦方程得到宇宙的演化。由于边界条件只能由宇宙外的造物主给定，所以宇宙的命运就操纵在造物主的手中。这就是从牛顿时代起一直困扰人类智慧的第一推动力的问题；而在哲学领域，也有着追究终极的概念，当我们不断地向系统的源头追溯时，总能找到答案。无论是第一动力因，还是追究终极，从本质上讲，它们都属于基石假设，或者说第一性原理。

不过，受限于人类当前的认知水平，我们很难准确地找到所有系统最终的元起点。

在西方社会中，受到宗教信仰的影响，第一因往往是以"上帝"之力的形式存在的。之前我在斯坦福大学旁听过一门哲学课，老师讲到任何事情都有原因，原因也还要有原因，所以就形成了因果链。而因果链不能无限倒推，所以最终必须找到一个第一因。这个第一因必须是唯一因，它生发出所有其他原因，同时还生发了自己，这个第一因就是"上帝"。在这里，我们给"上帝"这个名词加上了引号，其未必是宗教意义上的上帝，而是代表万物的起点。

中国古代的思想家、哲学家老子，曾经提出"道生一，一生二，二生三，三生万物"的说法。这里所谓的道，其实就是道家思想的基石假设，也可以说是第一性原理，在道存在的前提下，我们才能推导出有关道的一切认知及学问。

让我们将目光再一次投向科学领域。在宇宙学领域，如今几乎所有的科学家都相信宇宙起源于宇宙大爆炸，但是在大爆炸之前，宇宙还存在另外一个状态——奇点。那么，奇点是什么呢？关于这个问题，科学界至今也没有给出一个标准答案。人们只是笼统地将其描述为"宇宙引力大坍缩灭亡的零维空间的点，也是宇宙大爆炸诞生的零维空间的点。在奇点，宇宙没有空间，宇宙的半径趋近于零。奇点是一个密度无限大、热量无限大、温度无限高、压力无限大、时空曲率无限大、体积无限小的'点'"。因为宇宙处在奇点状态时，没有光，没有任何信息，但它确实存在，所以宇宙大爆炸并不是第一性原理，宇宙大爆炸理论的元起点，即这个被叫作奇点的假设才是元起点。虽然我们现在并不能准确地描述奇点究竟是一个什么样的事物，但所有人默认其成立，所以我们只能接受它作为整个宇宙起源的元起点。从这个角度来说，这个奇点不就是整个宇宙起源的第一性原理吗？

不是系统之内，而是系统之外

在这里我们要特别注意，很多人在理解第一性原理时，经常会将其误解为系统的中心思想。实际上，第一性原理并不是系统的中心思想，而是这个系统之外、之前的一个元前提。

比如，在"所有人都会死，苏格拉底是人，所以苏格拉底也会死"这个命题中，第一性原理位于元前提（所有人都会死）的位置，而不是小前提（苏格拉底是人）或者结论（苏格拉底会死）的位置。

根据"简一律"[1]，我们知道每一个理性系统[2]都可以简化为

---

[1] 任何理性系统，最后都可以简化为一条基本原理，也可被称为"第一性原理"。如果不能找到"简一律"中的那个"一"，再多的分析也仅是在现象层面的分类归堆而已。

[2] 与感性系统对应的是理性系统。

一个根本原则，实际上，这个中心思想并不是第一性原理，而是来自第一性原理。简单来讲，中心思想是在系统之内的，是由第一性原理加上演绎法推导而出的。

比如在商业层面，一家企业的商业模式是其经营的中心思想，但一定不是其第一性原理，商业模式得以形成的基石假设才是第一性原理。同样的道理，公司发展的战略并不是企业经营的第一性原理，战略得以形成的基石假设才是。

又如，牛顿经典力学的中心思想是 $F=ma$，但它的第一性原理是惯性假设和引力假设。惯性假设和引力假设加上演绎法，可以推导出力学公式 $F=ma$；德国物理学家阿尔伯特·爱因斯坦（Albert Einstein）提出的相对论，其中心思想是 $E=MC^2$（能量=质量×光速的平方），实际上，这个公式来自光速不变和相对性原理的假设。所以光速不变和相对性原理是狭义相对论的第一性原理，在这个基础上，加上演绎法就能推导出 $E=MC^2$。

如果用更加贴切的词来表示第一性原理，那么"第一前提"或"逻辑奇点"会更加合适。我们将"First Principles"直接翻译成第一性原理并不完全准确，会让人产生不必要的误会，所以把第一性原理当作系统大道至简的原理。

第一性原理在商业领域能发挥什么作用？答案是找到那个"一"。在战略选择时，第一性原理的思维方式通常更加简洁有力，不在细枝末节上用功，找到那个"一"，注入所有的力量（比如亚马逊的"一"是"客户"，乔布斯的"一"是"产品"），用"一"统领其他要素，驱动企业增长飞轮，撬动战略杠杆[1]。

---

[1] "战略杠杆"相关内容，请参看本人所著的《第二曲线创新》（第 2 版）。

第一性原理的层级之分

在演绎法中，大系统的中心思想可以作为小系统的第一性原理，这意味着第一性原理是有层级之分的。

对于牛顿而言，$F=ma$ 是他在惯性假设和引力假设的基础上推导得出的中心思想。而对于我们这些后来的使用者来说，我们完全可以把 $F=ma$ 当作第一性原理，用这个公式推导、解决其他的经典力学问题。比如，在第一次工业革命中，瓦特就是把牛顿经典力学公式 $F=ma$ 作为第一性原理，将其应用于蒸汽机的发明制造中，从而推导出了改良蒸汽机的方案，引领了大工业时代的到来。

同样的道理，在爱因斯坦的狭义相对论中，$E=MC^2$ 是在光速不变和相对性原理假设的基础上推导而出的中心思想结论。但对于后来直接使用狭义相对论的科学家而言，$E=MC^2$ 就是第一性原理，通过公式加上演绎法，我们可以推导出狭义相对论相关的所有命题。

所以，系统之间是有层级之分的，最简单、直接的划分方式就是"母系统"和"子系统"。某一个系统的第一性原理，既可以是一个不证自明的元起点，也有可能是一个更大的母系统的中心思想，作为子系统的第一性原理。从系统的维度来说，每一个系统都有自己的第一性原理，所以不同系统的第一性原理之间也有层级之分。但从实际应用的角度出发，我们没有必要去找到那个终极的第一性原理，所有比我们想要推导的理性系统范围更大、层级更高的母系统，其中心思想或者推导结论都可以作为子系统第一性原理的来源。

实际上，每一个系统都有自己的适用范围，相应地，第一性原理也有自己的作用范围，几乎没有任何一个第一性原理是放之四海而皆准的。与此同时，我们也要强调，每一个系统并不是只有一个元前提，在很多情况下，有可能两个或两个以上的第一性原理支撑了同一个理性系统。实际上，第一性原理在西方的哲学体系中是一个复数词——First Principles。所以无论是爱因斯坦的相对论、牛顿经典力学定理，还是达尔文的进化论，其实都有2~3个第一性原理作为支撑。所以，大家也不要被"第一"这个词误导。

总而言之，"道生一，一生二，二生三，三生万物。"问问自己的"一"是什么？只有找到并践行属于自己的"一"，我们才能很幸福、很笃定、很踏实地生活和工作。

公理化思维：人类理性思维的顶级智慧

有时候，逻辑推导过程比最终结果更重要。我们需要培养公理化思维，以第一性原理为根基，运用逻辑去找到超出我们认知极限问题的答案，进而建立其他理性思维体系。

过去几年中，给予我最大启发的概念就是第一性原理，从某种程度上讲，我们可以把"公理"看作第一性原理在实际生活中的一种表现形式。实际上，公理化思维就是人类在生活和工作中，以公理或第一性原理为根基，运用逻辑思维去推理，并建立其他理性思维体系的一种方式。无论在科学领域还是在商业领域，公理化思维的应用都要比发源于哲学的第一性原理具备更强的可操作性。

　　公理化思维方式对后世科学的发展产生了深远的影响，笛卡儿、康德、牛顿、爱因斯坦等这些影响了现代世界走向的大家，几乎都受益于此。比如，我们前文提到的牛顿力学建立在惯性假设和引力假设之上，爱因斯坦的狭义相对论建立在狭义相对性原理和光速不变原理之上；同时，牛顿力学、狭义相对论作为第一性原理，又指导了现实系统的运转，如瓦特把牛顿力学引入对蒸汽机的改良过程中而引发了第一次工业革命一样。公理化思维蕴藏着巨大的力量，这也是理论的力量，请大家充分相信理论。

欧氏几何：人类思维的奇迹

"公理化方法"最早是作为一种数学方法出现在欧几里得（Euclid）的《几何原本》中，实际上，这并不是欧几里得的本意。

说到欧几里得，大多数人的第一反应是他是一位数学家或者几何学家，其实这是我们对欧几里得最大的误解。实际上，欧几里得最重要的身份是哲学家，他之所以会开创"几何"这门学科，也是为了创造一种哲学思考的工具帮助自己更加深入地研究哲学。

作为一位哲学家，欧几里得最早提出了公理化思维，他在《几何原本》中运用形式逻辑的方式，建立了一套从公理、定义出发论证命题得到定理的几何学论证方法，从而形成了一个严密的逻辑体系——几何学。

说到这里，我们需要先解释一下公设和公理的区别，因为在近代之后的数学学科中，对于公设和公理不再明确区分，而是全部默认为公理。实际上，欧几里得在开创几何这门学科时，对作为基石假设的公设和公理是区分设置的。其中，公设有5条。

欧几里得几何学的5条公设[1]：

1. 由任意一点到另外任意一点可以画直线。

2. 一条有限直线可以继续延长。

3. 以任意点为中心及任意的距离[2]可以画圆。

4. 凡直角都彼此相等。

5. 平面内一条直线和另外两条直线相交，若在某一侧的两个内角的和小于二直角的和，则这二直线经过无限延长后在这一侧相交。[3]

同时，公理也有5条[4]：

1. 等于同量的量彼此相等。

2. 等量加等量，其和仍相等。

3. 等量减等量，其差仍相等。

4. 彼此能够重合的物体是全等的。

5. 整体大于部分。

---

[1] 欧几里得. 几何原本 [M]. 燕晓东，译. 南京：江苏人民出版社，2019.

[2] 原文中无"半径"二字出现，此处"距离"即圆的半径。

[3] 这就是大家提到的欧几里得第5公设，即现行平面几何中的平行公理的原始等价命题。

[4] 同1。

虽然我们现在将公设和公理归纳为同一类事物，事实上，欧几里得认为"公理本身是自明的，公设没有公理那样自明，但也是不加证明而承认其真实性的"。所以，他才提出"公理适合于一切科学，公设是几何所特有的"这种说法。

在欧几里得的几何系统中，公设和公理是无法通过既有的知识证明的，我们只能默认它们是不证自明的第一性原理。比如，欧氏几何的第一公设"由任意一点到另外任意一点可以画直线"，以及第一公理"等于同量的量彼此相等"，这些都是正确的"废话"。作为几何系统的元起点，现阶段我们几乎不可能从逻辑的角度去证明这些公设和公理的正确性，所以只能默认这些公设和公理是必然正确的。

此外，除了5个公设和5个公理，欧氏几何中还包括23个定义，诸如点、线、面的基础定义。5个公设、5个公理，再加上23个定义，欧几里得通过演绎法的推导，一共推出了48条定理和467个命题，而这些内容最终构成了平面几何系统，并且一直沿用至今。

从被欧几里得创造出来到今天，平面几何系统已经被应用了两千多年，在这个过程中，科学家和数学家一直想要完善这个系统。最终人们发现，在平面和三维空间中，这个系统貌似已经饱和，已经穷尽了平面几何这个维度的所有内容。

所以，迄今为止，我们使用的依然是当初的欧氏几何，而同时期，古希腊学者在科学上探索得出的结论，后来几乎都被证明是错误的。从这个角度讲，欧氏几何堪称人类思维的奇迹。

一切学问都是证明系统

德国的思想家、哲学家弗里德里希·恩格斯（Friedrich Engels）说过，"数学上的所谓公理，是数学需要用作自己出发点的少数思想上的规定。"换句话说，数学这门学科是在公理的基础上，通过逻辑推导而得到的，比如欧氏几何。

如果我们把欧几里得在 5 个公设、5 个公理和 23 个定义的基础上推导得到平面几何系统的过程进一步拆解，就会发现，从基石假设推导出完整系统的过程中还存在一个重要的环节——逻辑的推导。

古希腊的哲学家认为，在理性系统中，只有推导出某种事物的逻辑为真，这个事物才是真实存在的。实际上，逻辑推导的过程就是用基石假设去证明某些命题准确性的过程。也就是说，所有学科实际上都是一个证明系统。关于这一点，我觉得王东岳老师有一句话总结得非常到位，他说："一切学问都是证明系统，但凡没有证明的东西都是虚假的东西。"

正是因为一切学问都是证明系统，所以在一些理性学科中，我们会发现，人们对逻辑推导过程的重视甚至超过了对最终结果的重视。

比如，我们在中学阶段都见过一种几何问题，大致的意思是：给定一条线段 AB，然后要求在线段 AB 上画出一个等边三角形。这个问题并不难解决，只要给我们一个圆规就可以。首先，以 A 为中心，以 AB 为半径，画一个圆；然后以 B 为中心，以 BA 为半径，再画一个圆。两个圆相交两点，取其中一点（C 点），连接 A、B、C 3 个点就画出了一个等边三角形（见图 2-1）。

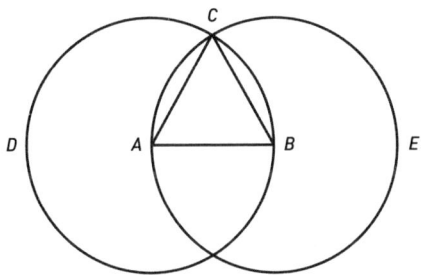

图 2-1　给定一条线段 AB，画出一个等边三角形的解题思路

虽然大多数人都了解这个操作方法，也可以用其他方法画出这个等边三角形，但是，当这种类型的试题出现在试卷上

时，答题的要求不会只让我们画出这个等边三角形，同时还会要求写出推导过程。

我们常说"微言大义"这个词，意思是说用一句简练的话表达深刻的道理。但是在哲学语境中，我们强调的是假设与证明，即便是一句极度简练的话，我们也必须经过逻辑推理证明其有效性，否则就不是微言大义，而是虚假命题。

再回到我们之前讲的一句话，亚里士多德以一己之力建立了逻辑学，他认为逻辑的第一根本特征叫作"必然的导出"。从命题 1 到命题 2 中间推导的过程，叫作"逻辑"。而一个理性系统，同样是从第一性原理通过逻辑推导的方式找到其他有效命题，从而构架出整个完整的系统。所以，系统中的证明都是逻辑证明。关于前面这个几何问题，推导过程应该是这样的：

1. 以 A 为中心，且以 AB 为半径画圆 BCD。（公设 3）

2. 以 B 为中心，以 BA 为距离画圆 ACE。（公设 3）

3. 由两个圆的交点 C 到 A、B 连接 CA、CB。（公设 1）

4. 因为，点 A 是圆 CBD 的圆心，AC 等于 AB。（定义 15）[1]

5. 点 B 是圆 CAE 的圆心，BC 等于 BA。（定义 15）

6. 因为 AC 等于 AB，BA 等于 BC，所以 AC 也等于

---

[1] 定义 15：圆是由一条线围成的平面图形，其内有一点与这条线上的点连接成的所有线段都相等。

BC。（公理 1）

7.3 条线段 AC、AB、BC 彼此相等。所以 △ ABC 是等边三角形，即在已知有限线段 AB 上画出了这个三角形。

对于这种问题，很多学生并不理解其中的深意。通常，我们认为知识是要为实践服务的，只要找到问题的答案即可，推导或者执行方法的过程并不重要。我记得我的女儿在美国念初中的时候，回家之后就会抱怨数学老师过分地追求逻辑的完整性，明明非常简单就可以找到问题的答案，却要求她写出复杂的推导过程，缺少了任何步骤都会扣分。

其实老师的做法是完全正确的，逻辑上正确才是我们应用知识的重点环节。面对一些简单题目时，我们可以用小聪明，从第一步直接跨越到最终的结果；但遇到特别复杂的命题时，小聪明就变得毫无意义，只有一步步地推导和证明，才能以正确的过程引导出正确的结果。只有这样，我们才能打破思维模式的禁锢，用逻辑找到超出我们认知极限问题的答案。在推导过程中，想要保证每一个步骤的正确性，我们必须找到相应的公理予以支撑。

实际上，欧氏几何是一种纯逻辑的知识，在现实生活中，我们根本不可能找到欧氏几何立足的根基。比如说，欧几里得定义的点是没有长度和宽度的；线是只有长度、没有宽度的；而面是有长度、宽度，但没有厚度的，这些情况在现实当中根本不具备存在的可能性。换句话说，从本质上讲，欧氏几何是一种逻辑实体。所以解几何数学题并不重要，解题的每一个步骤，必须有公理作为支撑的思维方式才是最重要的。

　　欧几里得列出的这些最基础的公理，并非他的原创。欧几里得对人类科学发展的贡献不仅在于建立几何学，更重要的是他首创了一种演绎法思维方式：从为数不多的公理出发，推导出所有定理和命题，从而构建了整个平面几何体系。这种基于演绎法的公理化思维方式，才是欧几里得留给后世的巨大财富，是人类思维的神迹。

从《几何原本》到公理化思维

　　我相信很多人并不了解欧几里得的伟大，或许还会有人不认同我对他的高度赞誉，因为在我们的生活中，欧氏几何只是用来解决一些平面几何问题的简单学问。但从哲学的角度来讲，欧几里得开创的几何学系统为我们的思维超越现实世界创造了可能性。

　　毫不夸张地讲，如果没有欧几里得在几何学中提出的公理化思维和方法，科学的发展只能停留在用已知去推导已知的层面，而欧几里得用现实世界不存在的点、线、面及其关系，超越感官对我们的禁闭，从已知推出未知。我们都知道，人类社会之所以能够快速地发展到今天，依靠的就是从已知推导未知的能力。

　　比如在爱因斯坦的广义相对论中有一个奇怪的假设：这个空间是四维的，并且是可以弯曲的。但这是人类思维能想象出来的吗？答案是完全不能。人类可以轻松地想象出存在于二维空间的弯曲的线，可以在大脑中构建出存在于三维空间的弯曲平面，但大多数人无法在大脑中形成一个对弯曲空间的认知，因为我们生活在三维空间中，所以我们的眼睛能看到的极限、大脑能认知的极限就是三维层次。就像二维虫无法想象我们的三维世界一样，这就是所谓的感觉通道禁闭。

到目前为止，虽然人类的科技水平还没有达到可以验证空间是否可以弯曲的层次，但在科学界，爱因斯坦的广义相对论依然被很多理论物理学家作为公理使用。因为从逻辑的角度来说，在第一性原理和推导过程都确保正确的前提下，最终得到的结果必然也是正确的。换句话说，人类只能理解四维空间，但无法存在于四维空间。

从已知推导未知，这就是数学和几何学被称为神性学问的深层原因。公理化思维可以超越感官对我们的禁闭，以逻辑推理的方式推导出全新的世界。也就是说，如果你不了解几何学，没有数学思维，甚至缺乏纯粹逻辑的思维，你只能活在你眼前可见的这个世界中。但这个世界太狭小了，无论是个人的发展还是人类的进步，我们都需要不断地打破物质的限制，从不可知的未来中找到前行的道路。从本质上讲，几何学是一种哲学，同时也包含了某种世界观。

曾经有一个年轻人想要跟随欧几里得学习知识，他向欧几里得提出了一个问题："学习几何到底有什么用处？"

这个问题就是典型的东方思维模式，重视实用性，想要学以致用，知行合一。欧几里得在听到这个问题后勃然大怒，并说道："你居然想过来跟我学有用的东西，这是对我的侮辱。你可以去跟工匠学有用的东西，你怎么能跟我学有用的东西呢？"

我们刚刚开始接触和学习几何的时候，老师告诉我们几何学的起源是，在古埃及，因为地理环境的影响，经常洪水泛滥。每一次洪水泛滥都会导致河流周边地形的变化，而当时的农业又集中在河流两侧的平原地带。所以在洪水过后，人们常常要重新丈量田地，久而久之就积累了一些丈量的经验，而这些经验结合在一起最终形成了几何学。之所以会出现这种认知，是因为受到了实用主义的影响。

事实上，几何学并不是从盖房子、丈量田地这些实践经验中抽离出来、总结而成的，而是欧几里得通过纯逻辑的想象构建出来的。正因为如此，在几何学创立之初，欧几里得根本不想通过这种知识解决任何实用的问题。

传说中，柏拉图学园的门口有一块牌子，上面写着"不懂几何学者不得入内"。意思是说，如果你没有经过几何学的熏陶，你连讨论顶级问题的思维方式都不具备。如果你没有学习几何学背后的这种公理化思维，你根本无法进入哲学和科学最顶尖的殿堂。

什么叫知音？大多数人认为，所谓"知音"，就是对某一个事物与自己观点一致的人。在我看来，观点一致这件事情一点都不重要。假如一个人能够非常轻易地与你观点一致，将来他还可以同样轻易地与你观点不一致。

从公理化思维的角度来看，真正的"知音"不是观点相同，而是思考方式（逻辑）相同的人。因为只有逻辑一致的人，才有可能从同一个基石假设推导出同一个结果。所以柏拉图认为，没有受过几何学训练的人，不适合参与到哲学和科学的讨论中来，即便参与讨论也只会导致争吵。

公理化思维的应用

公理化思维不仅影响了古希腊的文化与科学，还被科学家在后世科学的发展中不断地使用。在西方，印刷版本最多的两本书，一本是《圣经》，另一本就是《几何原本》。从这个角度来讲，称《几何原本》是科学界的"圣经"一点都不为过。

如果科学家不了解《几何原本》背后蕴含的公理化思维方式，那么西方的科学体系几乎不可能发展下去。我们甚至可以说，如果没有欧氏几何，也就没有从哥白尼到牛顿等人的科学革命。

法国著名的哲学家笛卡儿被誉为"近代哲学之父"，是他把古希腊的本体论[1]转向了认识论[2]。笛卡儿受欧氏几何公理

---

[1] 探究世界的本原或基质的哲学理论。

[2] 笛卡儿以认识论研究为前提，把"我思故我在"看作认识论研究的"基石"和"出发点"。他认为，把知识体系建立在直观经验上是靠不住的。笛卡儿认为："我思想，所以我存在这条真理是这样的确定、可靠，连怀疑派任何一种最狂妄的假定都不能使之发生动摇，于是我就立刻断定，我可以毫无疑虑地接受这条真理，把它当作我所研究哲学的第一条原理。"这段文字是笛卡儿认识论的核心，包含了他的哲学重点。

化方法的影响非常大，他一直在思考，能否把公理化方法引入哲学，为人类的知识大厦建立一个确定性的根基。为此，他进行了一个伟大的思想实验，最后推导出一个结论——我思故我在。这句话被称为整个形而上学[1]的第一性原理，也是唯一的第一性原理。对系统来说，虽然"我思故我在"作为基石假设过于薄弱，没有办法承载人类的知识大厦，但是这种命题的出现，在哲学领域同样属于一种进步，它开拓了一种新的思考方式。

我们再来说说另外一位科学巨匠——牛顿。他曾经写了一本书《自然哲学的数学原理》，这也是牛顿重要的物理学、哲学著作。如果把这本书与《几何原本》做对比，你会发现两本书的体例都是一样的，都是从一些公理推导系统中的各种命题。《牛顿传》中有这样一句话，"牛顿的努力可以从他个人图书室里折角最多、破页最多的一本书中窥知"，而这本书就是《几何原本》。

我们回顾一下牛顿的研究成果，实际上，牛顿力学体系中最重要的"万有引力"定律就建立在两个公理之上：第一个公理是惯性假设；第二公理是引力假设。由惯性假设和引力假设两个假设作为公理，推导出万有引力，从而建立了牛顿经典力学，这个架构就是欧氏几何里的公理化架构（见图 2-2）。

说到这里，我就又想起了当年张首晟教授对我说的一番

---

[1] 对世界本质的研究，即研究一切存在者、一切现象（尤其指抽象概念）的原因及本源。

话，所有的顶级科学家都使用演绎法。如果不会演绎法，没有公理化的思维方式，你只能在实验室里做实验，帮助大科学家证明或证伪他们的假设。

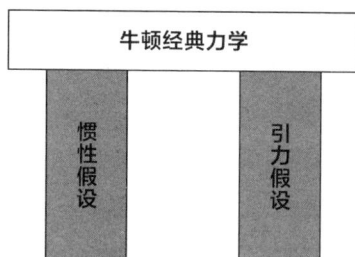

图 2-2　牛顿经典力学的公理化架构

除了哲学和力学，生物学的发展实际上也受到公理化思维的影响。在整个生物学发展的历史进程中，最重要的人物之一应该是英国的生物学家达尔文，他的著作《物种起源》为后世的生物进化论奠定了扎实的基础。对于他远途航行，通过观察生物形态，发现生物是在不断进化的这个过程，大多数人也耳熟能详。

说到达尔文的生物进化论，大多数人都会认为这是一种建立在归纳法之上的认知。因为它是通过观察生物的特征及习性，总结出某种规律。事实并非如此，达尔文的工作方法也是公理化思维指导下的演绎法。因此，可以说，进化论是达尔文在当时对物种起源的一种猜测，并在此基础上提出的一种假说。

美国的动物学家恩斯特·沃尔特·迈尔（Ernst Walter Mayr）在《生物学思想发展的历史》一书中提到"达尔文非常娴熟地运用假设演绎法，根据观察构成假说，然后用进一步的观察来检验这个假说"。而达尔文在其著作《达尔文回忆录》中，也说到这样一句话，"我的《物种起源》这本书，从头到尾就是一篇长篇论证。"

实际上，达尔文会选择公理化思维为基础的演绎法作为自己研究的主要方式是有原因的。达尔文说："在中学时代，一位家庭教师教我欧几里得几何学，我清楚地记得，在得出清晰的几何证明方法时，我心满意足。"在十五六岁时，达尔文就已经接受过几何学的思维训练，对公理化思维有了一定的了解。虽然欧氏几何在数学方面的应用对达尔文的一生并没有产生太大的帮助，但是几何学背后蕴含的公理化思维深刻地影响了达尔文。

在5年的环球考察中，他并不是通过实地考察去总结规律，而是用公理化的方式去推导，用观察去验证。达尔文的进化论体系有两条公理：第一条，遗传变异；第二条，生存竞争。在这两个公理的基础上，达尔文通过逻辑推导得出了他的自然选择进化论（见图2-3）。

说到应用公理化思维推导科学系统，就不得不提到当代伟大的科学家——爱因斯坦。爱因斯坦的广义相对论就是直接建立在公理化思维的非欧几何体系之上的，爱因斯坦还写过一本名叫《狭义和广义相对论浅说》的小册子。在小册子的第 1 页第 1 行，有这样一句话："阅读本书的读者，大多数在做学生的时候就熟悉欧几里得几何学的宏伟大厦。"在这本小册子的第一章第一节中，爱因斯坦阐释了几何命题的物理意义，这充分说明了爱因斯坦也受过公理化思维的训练。

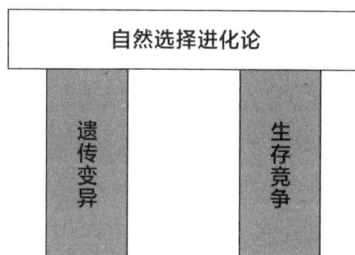

图 2-3　自然选择进化论的公理化架构

　　除此之外，爱因斯坦还说过，"理论家的工作可以分成两步，首先是发现公理，其次是从公理出发推出结论。"实际上哪一步更难呢？爱因斯坦认为，第二步只要"相当勤奋和聪明，就一定能够成功"，至于第一步，如何找到可作为演绎出发点的公理则具有完全不同的性质。这再次说明，公理是第一重要的，依然是第一性原理的那个原则。

　　从研究成果来看，爱因斯坦的狭义相对论建立在相对性原理和光速不变这两条公理之上；而广义相对论建立在等效原理和广义协变这两条公理之上。公理是第一重要的，所以爱因斯坦用想象力、思想实验的方式找到了这 4 条公理，从而开创了物理学的新纪元（见图 2-4 和图 2-5 ）。

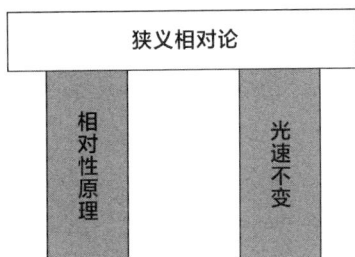

图 2-4　狭义相对论的公理化架构

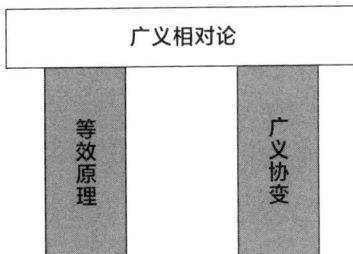

图 2-5　广义相对论的公理化架构

讲完这 3 位科学巨匠的故事之后，我相信大家一定会有所感悟。我们所做的事情比这些顶级的科学家还复杂吗？我们可不可以用两三条基本公理推导出整个商业模式和战略出来呢？答案是一定可以。如果推导不出来，就说明思维没有那么深入。

毫不夸张地讲，公理化思维是人类思维的巅峰之作，最宏大的宇宙也不过是这样的思维方式而已，所以怎么讴歌它都不为过。

其实，除了在哲学和科学领域，公理化思维在经济和政治领域都发挥过自己的作用。

在经济领域中，被誉为现代资本主义经济制度创立者的英国经济学家亚当·斯密（Adam Smith），曾经在自己的著作《国富论》中提到"看不见的手"这一概念。他认为，不需要国家对市场进行调控，在市场经济体制下，每个人都在追求自己的利益，实际上，这个利益就是无形的动力。所以，当所有人都在追求自己的利益时，在这个过程中会形成一个合力，从而带来经济的真正成长。从这个角度讲，"看不见的手"驱动了经济成长，其实这就是市场经济的第一性原理（见图2-6）。

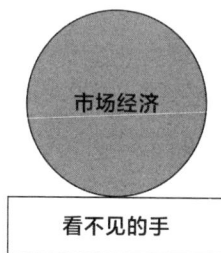

图2-6　市场经济的第一性原理

让哲科思维点亮中国的创新者

  遗憾的是，从某个角度来说，公理化思维并不是某些东方人擅长使用的思维方式。自古以来，我们的思想家的思维方式就是微言大义。我们遵循圣人之言，圣人说过的话就是我们的行为准则，圣人也许没有对他的结论进行严密的推理，大众通常满足于知道并认同结论就行了。而在古希腊的哲学里，任何结论都不重要，中间的推理过程才是重要的实体，这是一种与东方的传统思维恰恰相反的思维方式。

  瑞士心理学家卡尔·古斯塔夫·荣格（Carl Gustav Jung）曾经提出一个概念——原型。他认为，在人的思维方式中，族群、民族、国家甚至整个人类，其背后都有一种共通的思维方式，以我们看不见的方式传承着，决定着我们的思维方式。而这个原型是真实存在的，你甚至可以认为它是一种生命性的存在。与其说是你在思考，不如说是你背后族群那个共同的原型在思考。

  古希腊哲学中的"原型"以中间的推理逻辑为实体，东方文明中的"原型"以结论为实体，这种微妙而重要的差异造成了东西方文化的发展路径。东方文明在重视实践的思维方式的指导下，非常快速地建立了理性思维，这是孔子和一众儒家圣贤的贡献。儒家文化融入社会的方方面面，建立了广泛的理性文明，历经两三千年而不倒，但是也只是停留在理性思维的层面，没有办法再进一步。因为没有哲科思维中的公理化方法，我们不可能从农业社会逻辑推导出实际生活中并不具备的、过渡到工商业社会的科学基础。

从数据来看，在技艺时代，中国的技术发明占全世界技术发明总量的 60% 以上，但在近代全世界 6000 条基础的定理定律中，中国人的原创贡献却不到 1%。中国科学院外籍院士李约瑟（Joseph Terence Montgomery Needham）曾经提出了著名的"李约瑟难题"，这个问题的主要内容是"尽管中国古代对人类科技发展做出了很多重要贡献，但为什么科学和工业革命没有在近代的中国发生？"

1953 年，这个问题被当作作业布置给了斯坦福大学的一名学生斯威策（J.S. Switzer）。为了更好地回答这个问题，斯威策问了老师一个问题："谁是最适合回答这个问题的人呢？"老师告诉他是爱因斯坦。

于是，斯威策抱着试试看的心态给爱因斯坦写了一封信，在信中提出了"李约瑟难题"，但出人意料的是，爱因斯坦给他回信了。

对于这个问题，爱因斯坦是这样解释的，"西方科学的发展是以两项伟大成就为基础的：古希腊哲学家发明的形式逻辑体系（在欧几里得几何中）和（在文艺复兴时期）发现通过系统性实验有可能找到因果关系。在我看来，中国贤哲没有做到那些不足为奇。倒是（西方科学）做出的那些发现才是令人惊奇的事情。"

说到这里，我不知道大家眼前是否会出现这样一个场景，我们来到柏拉图学园门前，能够看到园中景象，但我们推不开这道门，因为我们没有受过几何学背后这种公理化思维的训练。我们从小学习几何，却不知道原来欧氏几何是训练顶级思维的教本，这无异于买椟还珠。

晚清时期，面对西方国家坚船利炮的打击，清政府发起了洋务运动，想要"师夷长技以制夷"。但学习了坚船利炮的技术之后，发现其背后还有数学、物理学、化学等基础学科作为支撑。于是，我们开始派遣留学生到国外去学习，尽管现在中国的应用科学技术在全世界已经名列前茅，并且还在大力扶持科学技术的发展，但是依然缺乏能够在基础科学领域做出突破性创举的科学家。究其原因，是因为在西方国家所谓基础科学的背后还有一个根基性的东西——公理化思维，而这种思维模式恰好是我们所欠缺的。

我之所以愿意把哲科思维引入中国，并把这种思维模式传递给中国的创业者、创新者，就是因为它是根基性的思维方式。用公理化思维去研究创新，让哲科思维点亮中国的创新者，我认为这就是混沌学园的使命所在。

破界创新：打破基石，边界外延

打破系统的边界，最直接的方法就是将作为基石的第一性原理击碎。创新"不破不立"，"破"的是系统得以形成的第一性原理，"立"的是新的第一性原理，这个方法就是破界创新。

人类一直以理性标榜自身独立于其他动物之外的超绝地位。事实上，理性确实带给人类足够强大的进化动力，人类之所以能够形成社会、发展科学，在很大程度上归功于理性。但是，有一些绝顶聪明的思想家、哲学家对理性认知本身始终保持着高度的警惕性。

2000多年以前，关于理性认知，柏拉图提出了"洞穴囚徒"这样一个隐喻。他认为现实世界中的人类就像生活在洞穴中一样，以为通过自己的思维、认知、心智看到了世界的本源，实际上看到的只是真理之光折射到墙上的影子而已。

当代西方最有影响的哲学家之一卡尔·波普尔（Karl Popper）则提出了一种更加直接的说法："任何时候，我们都是被关进自己认知框架的囚徒。"就像以色列历史学家尤瓦尔·赫拉利（Yuval Noah Harari）在《人类简史》中说过的一样："身为人类，我们不可能脱离想象所建构出的秩序。每一次我们以为自己打破了监狱的高墙、迈向自由的地方，其实只是到了另一间更大的监狱，把活动范围稍稍加以扩大。"

以上这些思想家、哲学家、历史学家都指出了一个共同的现实，我们以为理性思维是帮助我们看到世界真相的一种助力，它同时也是把我们禁锢在某一个边界之内的一种束缚。所以要想实现破界创新，我们首先必须打破自身的认知边界，然后才能进入一个更大的真理时空，从更高的维度去建立更庞大的系统。

破界创新三部曲

在企业的创新模型中，有一个非常重要的组成部分叫作颠覆式创新（Disruptive Innovation），事实上，破界创新才是一种真正意义上的颠覆式创新。破界创新是一种笛卡儿式的转向，所谓的破界，不是破外在现实的边界，而是破内在认知的边界。一般而言，大多数创新行为都是在外部事物上的创新，比如我在《第二曲线创新》（第2版）中提到的组合创新、单点破局等，都是通过外部的创新引导整个内部的变化。破界创新则是通过打破内在认知边界引起外在现实变化，是一种由内而外的创新方式。

在这里，我提出了一个可能不太恰当的比喻，其他的创新很像是武侠小说里所说的外家功夫，有各种各样的招数，能够见招拆招、克敌制胜；而破界创新就像是内家功夫，虽然招数简练，但力量雄浑，往往能够一击制胜。

关于如何打破认知边界，很多学者从不同的角度切入，提出了各种各样的方法论。实际上，从整体的角度出发，任何理性系统的边界都是由第一性原理决定的。也就是说，第一性原理作为理性系统得以形成的元起点，虽然支撑了整个理性系统，但它同时也禁锢了这个系统的边界。它是系统得以形成的根基之处、最大的确定性之源，因此也是系统的最脆弱之处，是真正的阿喀琉斯之踵。

所以，要想打破系统的边界，最直接的方式就是将作为基石假设的第一性原理击碎。当地基垮塌，建设在地基之上的高楼大厦自然也会随之轰然倒塌（见图 3-1）。

图 3-1　第一性原理支撑了理性系统

说到这里，很多人可能会产生疑问：第一性原理并不在理性系统之内，我们作为系统内部的组成部分，在大多数情况下很难发现第一性原理，更遑论打破它。第一性原理如同系统的"黑洞"一般，它既是系统的能量，又是系统的禁锢，任何系统和个人都很难摆脱这样的"黑洞"。所以，我们必须从系统中跳脱出来，从外部发现第一性原理，然后合理地打破它，塑造新的第一性原理，去构筑新的系统。对个人来说，个人的成长必须打破认知的黑洞；对组织来说，组织的变革需要打破系统的黑洞（见图 3-2）。

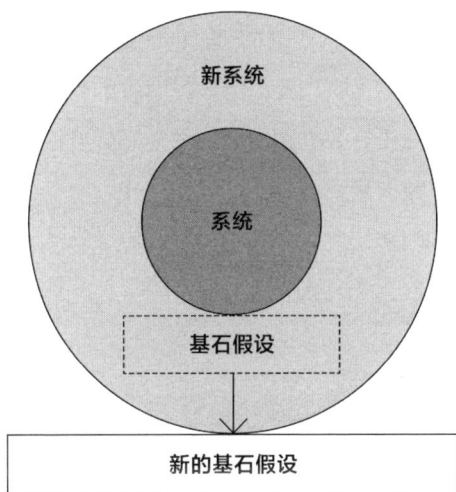

图 3-2　破界创新示意图

　　我们一直在强调"不破不立"，"破"的是系统得以形成的第一性原理，"立"的是一个新的第一性原理，这个方法论就叫作破界创新。在具体的工作中，破界创新可以分成以下 3 个步骤操作，我们称之为"破界创新三部曲"。

1. "破"隐含假设 [1]

对既有的系统，人们通常会遗忘隐含的基石假设（故称之为"隐含假设"），所以破界创新的第一步就是破隐含假设（也是破界创新最难的一步）。那么，如何跳出现有系统，找到并打破隐含假设？答案是通过哲学的思维。从狭义层面分析，研究具体对象的学问叫作科学，而把第一性原理作为研究对象的学问叫作哲学 [2]。正所谓"不识庐山真面目，只缘身在此山中"，身处系统之中，我们用常规的思维方式永远看不到系统本身的隐含假设，只有跳出系统才能看到系统的边界，就像鱼跳出水面才能看到自己生活在水中一样。

那么，如何跳出？只有通过哲学的思维方式，才能从现有系统中跳出，找到并打破束缚系统的第一性原理。

2. "立"基石假设

在打破原有系统的第一性原理之后，你需要重新定义系统的"基石假设"。第二个步骤相对容易，当隐含假设已经被

---

[1] 在基石假设中，有一类非常重要的假设——隐含假设。当我们在既定的系统中生活、工作时，久而久之就会忘记系统的下面是有基石假设的，那个你根本没有意识到、默认的元起点就是"隐含假设"。

[2] 源自德国哲学家康德的《纯粹理性批判》一书，康德在书中将"隐含假设"称为"先验概念"，并称："理性的认识可以用两种方式同它的对象发生联系，一种是只对其对象以及对象的先验概念（先验概念必定另有来历，存在于我们的理智之中）进行规定，这就是哲学知识，而另一种是同时也使其对象成为现实的方式，即科学知识。前一种方式的哲学知识是理性的理论知识，后一种方式的科学知识是理性的实践知识。"

识别，其中的逻辑漏洞也就立刻显现，而如果这个错误能够在第一时间被察觉，一个新的基石假设便能够很容易被建立起来。需要注意的是，你重构的"基石假设"一定要比原有的第一性原理层次更深、强度更大，这决定了新系统的边界和强度，否则便是白费力气。而更深、更大的系统通常都存在于基础学科中，如果你仅仅是在商言商，就无法提出破界创新的方法论，只有基于基础学科的基石假设，才会构建出一个更大的系统。

3."见"全新系统

接下来要做的事情，便是在新的"基石假设"之上，通过公理化方法演绎出新系统的"第一性原理"。在完成这一步骤之后，自然就会生成新系统的边界，这是水到渠成、顺理成章的事情，无须过度关注。

我们在处理问题时，一般最关注的是解决方案，最看重解决方案的"内容"。但是，与其在内容本身上下功夫，不如去探寻这个内容下面的"一"，尤其是要打破那个隐含假设，这才是最关键的。当把这个"一"打破，方案自然而然便会出现。就像在这三个步骤中，第三个步骤的发生，其实就是前两个步骤的结果。

这是一种不同于我们过去的思维方式，也是混沌学园最核心的思维方式。破界创新的思维方式不是在内容上做功，而是在结构上做功，是在看不到的地方做功。

过去我们认为，事业成功需要的是努力、勤奋和大量的时间，但那些工作全都在系统的边界之内。其实，创业是一种智慧，是一种认知，是在系统之外的东西，需要静下来，独立思考。

破界创新的难点

事实上，破界创新的关键和难点在于发现和打破隐含假设。与禅修非常类似，当看到"隐含假设"时，我们就"开始"打破它了。通常，最常见的隐含假设就是群体信念，它包含你与周围人的共识，也有行业的常规，它们往往构成我们认知的隐含假设，而你身处群体信念之内，却难以察觉。

因为每个人都有一种深入骨髓的从众心理，我们会把社会中的主流思想当作真理看待。实际上，所谓群体的信念都是最危险的隐含假设。尤其是它已经深入人心到变成一种常识或共识，当人们根本不会去质疑它甚至是忘了质疑它的时候，人们就会被这个群体信念禁锢。

出现这种情况与人类的心理结构有着密不可分的关系。在原始社会，人类缺乏抵御天灾和野兽的手段，只有聚集在一起形成群体才能确保生存，而不合群的人往往面临死亡。从那个时候开始，听从群体认知的习惯就深深地烙印在人类的基因中了。

尤瓦尔·赫拉利认为"人类最终成为地球的主宰，秘诀在于，人类能创造并且相信某些虚构的故事"。在《人类简史》一书中，他用了这样一段话来描述虚构的力量："'虚构'这件事的重点不只在于让人类能够拥有想象，更重要的是可以'一起'想象，编织出种种共同的虚构故事……这样的虚构故事赋予智人前所未有的能力，让我们得以集结大批人力，灵活合作。"宗教之所以能够让人们产生信仰，没有真实价值的纸币之所以能够在市场上畅通无阻地流通，其实都仰赖于人类自身的想象力。我们提出了某种假想，然后通过自己的联想、想象，把这种虚构的故事具象成了某种现实的存在，于是越来越多的人开始承认这种假想，最后虚构的故事就成了真理。

所以，我们要学会质疑群体性的共识，敢于打破群体信念，这是破除隐含假设的方法之一。

科学领域的破界创新

古往今来，科学的发展都是一个去伪存真的过程。虽然在过去很长的时间里，科学的发展受到一定的限制，我们只能在现有物质水平的认知边界中寻找规律、发现知识。但现在，尖端科学领域的发展始终领先于物质水平，换句话说，是科学的发展在推动社会的进步，实际上，这就是科学领域的破界创新带来的效果。

关于科学领域的破界创新，我们用一个具备广泛认知基础的知识举例说明。众所周知，在数学这门学科中，我们主要学习的是两个门类的科学：一个是几何学；另一个是代数学。这两门学科贯穿于我们从小学到大学学习数学的全过程。在这里，重点讲解一下几何学这门学科的发展历程。

实际上，我们真正开始接触几何学是在初中阶段，这个时期我们学习的几何学起源于公元前 3 世纪古希腊数学家欧几里得创作的《几何原本》，它也被称为欧氏几何。

欧氏几何建立在 5 个公设之上，基于这 5 个公设，可以推导出这个系统中的全部命题，从这个角度来说，这 5 个公设就是欧氏几何的第一性原理。

在欧氏几何被沿用的两千多年里，数学家一直将这 5 个公设中的前 4 个奉为圭臬，但唯独对于第五公设，数学家一直持怀疑的态度。欧氏几何的第五公设又被称为"平行公设"，它还有另外一个更广为人知的表述，那就是"通过直线外的一点，有且仅有一条直线与该直线平行"。科学家之所以对这一定理产生怀疑，原因有二：一是在欧氏几何的系统中，直到最后的部分才用到第五公设；二是它与其他 4 个公设存在一定的区别，只有加入了前提条件才成立。所以，科学家怀疑第五公设可能是一个次级定理，是在前 4 个公设的基础上推导出来的。但受限于当时的认知边界，在很长的一段时间里，科学家都未能成功地解决这一难题。

一直到 19 世纪初期，人们才发现欧氏几何学建立在平直空间的基石假设之上。发现并打破这种第一性原理，实现了几何学破界创新的有两个人，他们分别是沙皇俄国时期的数学家尼古拉斯·伊万诺维奇·罗巴切夫斯基（Nikolas Lvanovich Lobachevsky）和德国数学家波恩哈德·黎曼（Bernhard Riemann）。他们发现了两种非平直空间，然后以非平直空间为基石假设，将几何学推进至新的发展阶段，后世将罗巴切夫斯基创造的"双曲几何"与黎曼创造的"椭圆几何"合称为"非欧几何"。

如今，平面几何与空间几何的概念早已深入人心，并且在我们学习几何学的时候，老师就告诉了我们欧氏几何中的第五公设在非平面的空间内是不成立的。但在欧氏几何时代，提出非平直空间的假设，去质疑一门成熟学科的基础假设，并不是一件简单的事情。

实际上，罗巴切夫斯基与黎曼开创非欧几何的过程，应用的就是破界创新的方法。首先，他们发现了欧氏几何的第一性原理，即平直空间的隐含假设；然后，他们从逻辑的角度构想出一个非平直的空间，推翻了欧氏几何的系统；最后，在非平直空间的基石假设上，他们以逻辑思考的方式开创了各自的新系统。

在几何学破界创新的过程中，最困难的环节就是提出一个非平直的空间概念。因为我们生活在一个三维世界中，所以人类的大脑也习惯于以三维模型的方式去认知事物，也就是说，我们可以想象出一条弯曲的线或者一个弯曲的平面，但很难想象出一个四维环境中弯曲的空间。

比如，对于我们来说，在一张纸上画一条曲线非常简单，将这张纸弯曲，使它变成一个曲面也很容易，但如果想象自己是一只蚂蚁（假设蚂蚁是一个二维动物），蚂蚁是永远不知道这张纸是弯的。

当然，非欧几何在刚刚问世时，也只是一种逻辑上成立的假设，直到爱因斯坦在广义相对论中提出四维空间是一个弯曲的时空场，并用黎曼几何对这种情况进行了表达，非欧几何才真正从科学的维度被承认。至此，人们对于空间的认知也上升到了新的层次，开始认同我们生活的空间是四维时空。

除了几何学，天文学的发展也堪称破界创新的典型范式。纵观天文学的发展历程，我们可以用 3 个著名科学家所代表的系统（托勒密天文学、哥白尼天文学以及开普勒天文学）来概括天文学的 3 个发展阶段。

托勒密天文学的基石假设来自古希腊哲学家亚里士多德的哲学，他认为地球是宇宙的中心，始终保持静止不动，太阳和其他行星都围绕地球做匀速圆周运动。当然，对于科学技术已经足够支撑突破地球的限制，到宇宙中观察天体运动的现代人来说，托勒密天文学无异于无稽之谈，但在当时，受到古希腊文化的影响，人们对天体运动会产生这样的观点并不奇怪。

古希腊人认为整个地球之上的天体，都是由一个完美的元素——以太组成的。这种极其完美的元素一定要按某种圆满的运动方式来运动，而什么样的运动方式是圆满的呢？答案就是匀速圆周运动。同时，古希腊人认为，地外天体是天神居住的地方，而天神是完美的代名词，所以从神学的角度又证明了天体匀速圆周运动的观点。

从公元 2 世纪到公元 16 世纪，托勒密天文学一直被各国科学家沿用。但是，随着人们发现的地外天体越来越多，很多行星的运动已经无法用圆周运动原理解释，于是主流科学家开始在地球以外设置一些额外的天体运动中心，即行星围绕某个中心进行匀速圆周运动，而这些中心天体围绕地球进行匀速圆周运动。就这样不断地增加内容，托勒密天文学得以继续发展，直到哥白尼的出现。

在我们的印象中，哥白尼是一位天文学家，实际上，他还是举世公认的四大科学巨匠之一。尽管他本人没有明确提出什么新思想，但是他的新宇宙观引导了天文学的革命。

为什么说哥白尼引导了天文学的革命？他是不是发现了一个新的逻辑？其实并不是，实际上，哥白尼引导的天文学革命起始于他发现了旧系统的逻辑失洽。

当时在西方国家，天文历法是以托勒密天文学为基础设计的，随着系统的失准，问题出现，当时的教皇为了捍卫托勒密天文学的正统地位，甚至将一年中的 10 天直接从历法中抹去。在教会的威严下，这种情况又延续了很多年，导致天文历法越来越复杂。而哥白尼就生活在那样的时代，所以他提出日心说，并不是因为他发现了某种新逻辑，而是他想改变当时已经失去效力的天文历法。

但是，哥白尼的日心说也并不是正确的基石假设，因为随着科技的发展，人类发现宇宙的范围杳无边际，不只是地球和太阳不是宇宙的中心，就连太阳系、银河系也只是宇宙渺小的组成部分而已。

王东岳老师说过这样一句话："我们不是生活在客观世界中，而是生活在思想家为我们打造的思想世界中。"在哥白尼之前，人们生活在托勒密的世界里；在哥白尼之后，人们生活在一个新的世界里，虽然这个世界的基石假设并不正确，但相比于之前，在这个新世界中，人类的生存空间变得更广阔了。

所以哥白尼的错误不那么重要，他开启了一个新的范式叫作"日心说"，我们称之为革命，而这场革命给后来的天文学家打开了一道新的门。

美国科学史家托马斯·塞缪尔·库恩（Thomas Samual Kuhn）在自己的著作《科学革命的结构》中写道："不知道为什么，5 年以后，哥白尼天文学这个理论自己开花结果了，它会长出新的理论。"哥白尼最大的贡献不在于理论本身，而在于思想的开拓，实际上他提出的天体运动模型并不比托勒密的简单多少，因为他继承了托勒密天文学中的天体做匀速圆周运动的基石假设。

而真正解决这个问题的人是德国杰出的天文学家约翰尼斯·开普勒（Johannes Kepler），库恩所说的在哥白尼天文学的基础上长出来的新理论，其中就包括开普勒的天文学体系。

开普勒小时候听过一位神父讲解哥白尼的天文学说，给他留下了深刻的印象。开普勒长大后为丹麦天文学家第谷·布拉赫（Tycho Brahe）做助手，第谷去世时将自己的天文学资料留给了开普勒。开普勒用第谷的资料，结合哥白尼的日心说模型，同时放弃了天体做匀速圆周运动这个假设，构建了更简洁的天体运动系统。

实际上，开普勒构建的系统无比接近于现在太阳系中行星运动的系统。换句话说，开普勒天文学打破了哥白尼天文学的边界，在新的基石假设上搭建了正确的系统。

我们列举了几个科学界通过打破固有边界，推动科学进步的例子。《科学革命的结构》一书清晰地阐明："第一个普遍接受的范式是学科形成的标志，如同牛顿力学之于物理学。"在一般人的心目中，新发现是科学的标志。但几乎所有真正的科学革命，都不是新发现的革命，所有重大科学革命都是由范式转换引发的。

那么，为什么一定要"革命"才能取得科学进步？传统认为科学进步的标志是"逐渐逼近真理"，后出现的科学一定比之前的科学更好，更接近真理。但库恩认为，科学革命的进化过程不朝向任何目标，而且前后代科学家之间不但不是继承，而是革命。试图调整旧范式而发展，不但事实上很少，而且原则上不可能。只有破坏旧范式才能得到新发现，这是唯一可行的办法。

所以，我们只有在认识到牛顿理论是错的以后，才能接受爱因斯坦的理论。时间、空间、质量、引力等概念在牛顿和爱因斯坦体系中是完全不同的定义。必须改变已经确立且为大家所熟悉的概念的含义，这正是爱因斯坦理论的革命性影响的核心。

IBM 和乔布斯的破界创新

破界创新的难点和重点在于如何识别并打破现有系统的"隐含假设"。每个巨头都有自己的隐含假设，这也构成了他们的事业边界。因此，识别并打破隐含假设是破界创新的关键点，也是企业增长和个人成长的不二法门。同样，对于市场上的后来者，识别并打破巨头的隐含假设，也是后来者超越巨头的关键点。当然，做到这一点十分困难，绝大多数企业和个人都受制于自己的隐含假设而不自知，更遑论打破。计算机行业就发生过这样的案例。

可能在大多数人的心中，IBM 就是计算机的发明者。事实上，第一台商用计算机是由雷明顿兰德公司（现 Unisys）于 1951 年 6 月 14 日生产发售的优尼瓦克计算机（UNIVAC-1）。这种计算机的初期售价高达上千万美元，后来降价到几百万美元。

UNIVAC-1 的第一个客户是美国人口普查局。到 1952 年，又有另外两家政府机构——美国陆军和美国空军购买了它。当有企业表示有兴趣购买优尼瓦克计算机时，雷明顿兰德公司甚至没有派销售人员去拜访顾客。他们这么做的理由是，企业界的人根本弄不清计算机是怎么一回事。所以，他们最初的"隐含假设"是：计算机这一伟大的产品专为先进的科学研究而设计（见图3-3）。

图 3-3　优尼瓦克的破界创新

很多商学院会将优尼瓦克存在的问题归结于企业没有进行市场研究。事实上，这是一种错误的诊断。没有人能对一种全新的事物进行市场调查，也没有人能对还未上市的产品进行市场调查。

1950 年，优尼瓦克的市场调研部得出了这样一个结论：到 2000 年，在全世界范围内，计算机的销售量将达到 1000台，平均每台的售价在 100 万美元左右，这是一个百亿美元的大市场。事实上，到1984年，计算机的实际销售量就突破了100万台。然而，这在当时的确是一次最"科学"、最审慎、最严密的市场调查。那次市场调查最大的问题是它的出发点建立在错误的"隐含假设"之上——计算机只可被用于先进的科学研究（这是当时人们的共识）。这样看来，销售量的确有限。

由于时代的局限，当时的IBM同样认为计算机是专门用于科学研究的一种工具，而它推出的第一台计算机确实是专门为天文计算设计的。换句话说，IBM和优尼瓦克拥有同样的、属于时代的"隐含假设"。它们的不同之处在于，IBM很快便发现了计算机在商业领域中的商机，因此打破了原有的"隐含假设"，重构了属于自己的新的"基石假设"——企业市场是个潜力巨大的新兴市场（见图3-4）。

图 3-4　IBM 的隐含假设

1952 年，IBM 推出了自己的第一台商用科学计算机 IBM 701。很快，IBM 相继推出了 702、704、705 等多款机型，将计算机全面引入商业领域。由于优尼瓦克的技术和产品更适合企业里的会计工作，IBM 甚至放弃了自己原来的产品，转用优尼瓦克的架构设计。

在更新换代的过程中，IBM 实现了计算机售价的十倍速变化，它将科研使用的高端计算机的百万美元售价压低至 10 万美元左右，让更多的企业能够买得起。

到 1960 年左右，优尼瓦克仍然是拥有全世界技术先进、性能良好的计算机，而 IBM 则几乎垄断了整个大型商用机市场，坐拥全行业的大部分净利润。当时它的竞争对手 RCA、通用电气、AT&T 等公司，都在这一市场中投入了巨量的资源，但始终无法战胜 IBM。可以说在当时，任何公司向 IBM 业已占据的领先地位发起正面、直接的挑战，都无望获得成功（见图 3-5）。

故事到此，我们看看 IBM 做对了什么。第一步，先打破科研市场的隐含假设；第二步，重构基石假设——计算机在商用市场的潜力巨大；第三步，升维第一性原理，在新基石假设之上重新构架，全力投入、将单一要素最大化，最终形成新的市场。

IBM 的破界创新，让它成为大型商用机市场中当仁不让的龙头企业，但是请你冷静下来，想想我们曾多次提及的那句话："任何企业都有其边界。"IBM 的体系是否也存在失效的边界？时间很快便给出了答案。

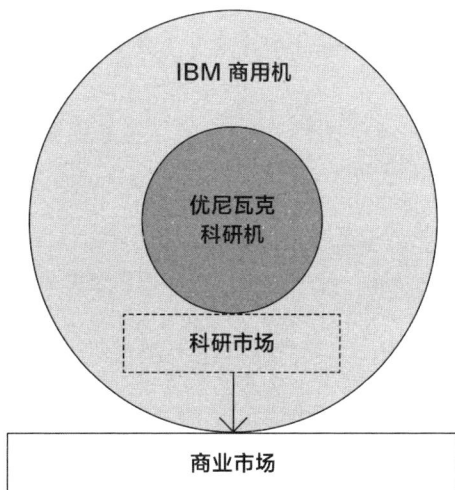

图 3-5　IBM 的破界创新

　　在 IBM 占据主流的大型商用机市场之后，一个新兴市场很快诞生，这就是小型商用机市场。小型商用机的发明者是刚成立 2 年的美国数字设备公司（DEC）。1959 年 12 月，DEC 向市场推出了它的第一款小型商用机 PDP-1 的样机，售价是 1.2 万美元，仅为大型商用机的零头，单一要素再次出现了十倍速变化，而且体积较小。它成功地将 DEC 带进了计算机行业，开辟了一个崭新的天地。

到 1972 年，DEC 彻底控制了小型商用机市场，从而拥有了爆炸性的销售量和激增的企业增长率。1971—1975 年，DEC 的销售额从 1.46 亿美元上升至 5.33 亿美元，利润增长 2 倍多，并跻身《财富》杂志选出的美国前 500 家大公司的行列。

在 1982 年出版的《追求卓越》一书中，两位长期供职于麦肯锡顾问公司的管理大师汤姆·彼得斯（Tom Peters）和罗伯特·沃特曼（Robert Waterman）对美国 43 家成功企业进行了系统性研究，其中就有 DEC 公司。他们在书中对它的评价是："DEC 公司犹如一辆高速行驶的列车，与它竞争无异于螳臂当车。当大多数竞争对手深陷计算机行业的衰退而无力自拔时，这家市值 76 亿美元的计算机生产商仍在加速前进。"

DEC 公司凭借小型机取得了巨大的成功，曾经的行业霸主 IBM 却未能及时跟进。原因何在？答案还是与隐含假设有关。正如前文所述，IBM 体系的隐含假设是客户需要更大、更快的计算机，并且只能用于大型企业或政府机构，因此它对小公司毫无兴趣，它的主要客户都是世界 500 强之类的大公司。而 DEC 打破了 IBM 的隐含假设，重构了"小公司也需要计算机"的基石假设。这样，DEC 的体系边界自然向外延展，完成了破界创新的三部曲。

然而，屠龙的少年最终往往会变成恶龙。当年的创新勇者 DEC，在面对小型商用机转向个人计算机的历史浪潮时，四进四出，在"计算机只能用于商业机构"的隐含假设作用下，令人遗憾地与个人计算机兴起的大时代擦肩而过。

第一曲线的黑洞效应将DEC牢牢地束缚在小型商用机市场中，以至于DEC的创始人兼总裁肯·奥尔森（Ken Olsen）在评论新兴的个人计算机市场时，说出这样一句令人大跌眼镜的话："我觉得没有理由每个家庭都有一台计算机。"更为讽刺的是，此番言论是在1977年于波士顿召开的世界未来学大会上发表的。

DEC的隐含假设就是小型商用机只能用于商业市场。它完全没有意识到，让自己起家的商业市场也成了最大的禁锢。

接下来的舞台属于乔布斯和他的苹果公司。苹果公司有着自己的"基石假设"——每个家庭都可以拥有一台计算机，在计算机发展史上第一次将计算机从商业领域过渡到个人。

1976年，苹果公司推出了自己的第一款个人计算机——Apple-1。虽然它的外表看起来十分粗陋，但是具有划时代的意义。同样，Apple-1的正式售价是1295美元，仅为DEC时代计算机1.2万美元售价的1/10，继续延续了价格的十倍速变化，并让大多数家庭都能够接受（见图3-6）。

苹果公司的破界创新也遵循三部曲的典型模式。

第一，质疑并打破原有隐含假设——凭什么计算机只能用于商业。

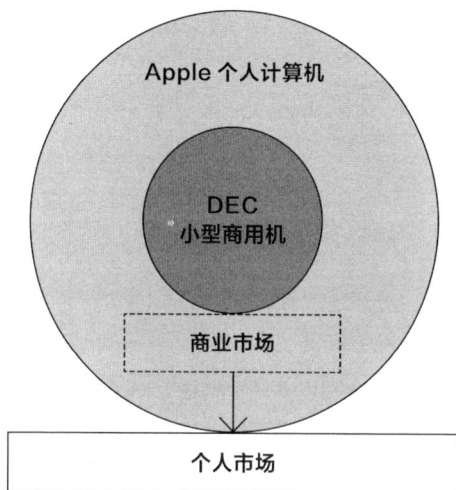

图 3-6　苹果公司的破界创新

　　第二，重构"基石假设"——每个家庭都可以拥有一台计算机。

　　第三，建立全新系统——既然计算机应该进入家庭，那么计算机的所有相关要素都应在家庭使用的大前提下展开，如价格、软件、体积等。当第一性原理确定之后，所有的细枝末节都会自然地发生变化，从而构筑起一个全新的系统。

　　从经营的角度来说，计算机行业的案例更偏向于企业战略层面，是商业模式的选择，其实破界创新适用于任何方面。接下来，我们看看乔布斯是如何在产品层面进行破界创新的。

　　用户往往会在产品的具体功能上形成一些固定的使用习

惯，这些习惯也就构成了系统的群体认知或隐含假设，大多数人对此熟视无睹。识别并打破既有产品在使用习惯上的"隐含假设"，也是破界创新的一种表现形式，正如我们经常听到的句式——"重新定义 ×× 产品"，乔布斯正是此中高手。

在《史蒂夫·乔布斯传》中，沃尔特·艾萨克森（Walter Lsaacson）描述了这样的场景：

2005 年 1 月，苹果引入了 iPod Shuffle，这是一个更具革命性的创新。乔布斯注意到 iPod 上面的"随机播放"功能非常受欢迎，它可以让使用者以随机顺序播放歌曲。这是因为人们喜欢遇到惊喜，而且懒于对播放列表进行设置和改动。有些用户甚至热衷于观察歌曲的选择是否真正随机，因为如果真的是随机播放，那么为什么他们的 iPod 总是回到播放比如内维尔兄弟乐队（The Neville Brothers）的歌曲？这个功能引出了 iPod Shuffle。

当鲁宾斯坦和法德尔努力制造一款体积更小、价格更低的闪存播放器时，他们一直在尝试把屏幕的面积缩小之类的事情。有一次，乔布斯提出了一个疯狂的建议：干脆把屏幕去掉吧。

法德尔担心的是用户如何找歌，而乔布斯重构的"基石假设"是：他们根本不需要找，歌曲可以随机播放。这完全跳出了原有的隐含假设。毕竟，所有歌曲都是用户自己挑选的，他们只需要在遇上不想听的歌曲时，按"下一首"跳过去。

类似的故事，在《史蒂夫·乔布斯传》中还有很多。

在所有的"简洁"中最为玄妙的是，乔布斯做出了一个让同事们大吃一惊的决定：iPod 上不能有开关键。这在之后的大部分苹果产品中都实现了。

在乔布斯之前，业界的群体认知是电子产品理应拥有开关功能，乔布斯却反其道而行之。从美学的角度来看，开关的存在确实让人不快。如果一段时间不操作，苹果产品会自动进入休眠状态；当你触摸任意按键时，它又会自动"醒来"。在乔布斯看来，完全没有必要专门设定这样一个流程：按下去→等待关机→再见。

再来看看苹果手机，乔布斯对此十分自豪，多次在公开场合宣称："苹果重新发明了手机。"大家不妨回想一下诺基亚时代的手机，不管是翻盖式还是直板式，所有手机都自带固定键盘，这是典型的群体认知。而乔布斯创造性地重构了苹果手机的"基石假设"——触摸屏完全可以取代手机键盘。重构基石假设的结果是，苹果公司极大地延展了手机的边界，智能手机的时代就此拉开帷幕（见图 3-7）。

"事后诸葛亮"，我们可能觉得用触摸屏替代键盘很简单，但回到当时的情境，在乔布斯做这件事情之前，诺基亚、摩托罗拉、爱立信、索尼等，诸多手机制造商为什么就没有提出这个隐含假设呢？

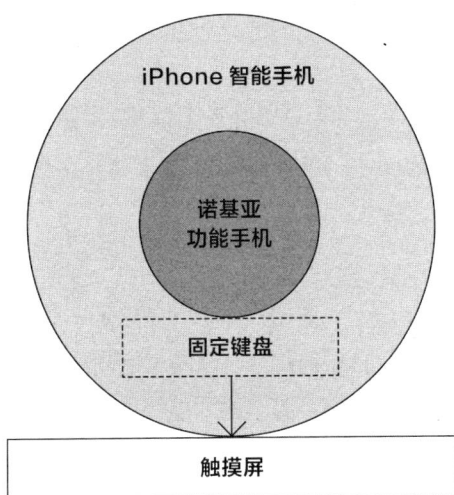

图 3-7　iPhone 的破界创新

　　对绝大多数人而言，只有看到才能想到，正如他们看到苹果手机后，才会相信原来手机可以没有固定键盘。乔布斯之所以被世人瞩目并怀念，是因为他走在时代的前沿，他打造的产品往往是"因为想到，所以看到"。我们经常认为思维和心智帮我们创造了"Something"（一些事），但是在乔布斯的身上，我们看到的恰恰是他打破了思维和心智对我们的限制。如果把心智和思维打开，就会有灵感流淌出来。

成为创新企业家

再次回到我们不断提及的问题，什么是"隐含假设"？答案就是周围人的群体信念。往往那些大家都深信不疑、不被质疑的东西，才是给予你最大限制的隐含假设。怎么打破这种限制？答案是通过哲学思维。什么是哲学？回到哲学的原点，康德说"所谓哲学起始于对所谓自明的东西的追问"，它可以表现为好奇心、初心、童心等。所以，亚里士多德说，哲学起始于对万事万物的惊异，这种初心才是产生创新的源头。

在里约热内卢联邦大学教授格雷戈里·蔡汀（Gregory Chaitin）的著作《证明达尔文：进化和生物创造性的一个数学理论》中，吉安－卡洛·罗塔（Gian-Carlo Rota）在推荐序中将数学家分为两类——解题家与理论家。解题家解决的是一个已经被认为无望解决的问题，本质上是保守主义者，对新理论总是充满怀疑；理论家最荣耀的时刻则是发现一个新理论，它不能解决任何老问题，却使它们变得无关紧要。

吉安－卡洛·罗塔笔下的"理论家"，实质上是破界创新的另一种表达。所谓"破界创新"，其实并不解决原有的任何细节问题，比如 iPod Shuffle 并没有解决屏幕如何变小的问题，但它让屏幕这个原有问题失去了意义。

由此，我们便可以将解题家与理论家类比为两种截然不同的创业者。普通创业者解决的是极限点的问题，是针对问题解决问题；而创新创业家解决的是边界问题，是破界创新，它让原有的问题变得无关紧要。

很多人都听过福特汽车创始人亨利·福特的一句名言："如果你问消费者需要什么，他会回答说需要速度更快的马车。"福特并没有解决马车的问题，但他的汽车让马车的问题变得无关紧要。同样，乔布斯并没有解决功能手机的问题，但他让功能手机的问题变得无关紧要；马斯克也没有解决传统汽车的问题，但他让传统汽车的问题变得无关紧要；张小龙没有解决 PC 时代即时通信的问题，但他让 PC 即时通信的问题变得无关紧要；张一鸣没有解决门户新闻的问题，但他让门户新闻的问题变得无关紧要。破界创新并没有解决原有系统的极限问题，但是让原有系统的极限点问题变得无关紧要。如果我们眼睛永远盯着系统边界里面的问题，将永远突破不了边界。

我们在《第二曲线创新》（第 2 版）中讲过第一曲线和第二曲线，其实第二曲线根本不是为了解决第一曲线的极限点问题，而是构建一个新系统，让第一曲线的极限点变得无关紧要。这就是用第一性原理跨越非连续性，实现第二曲线创新。破界创新是混沌学园创新模型之王，强烈建议读者反复阅读这部分内容，不是看具体的内容，而是寻求同频共振。

章

四

组织刷新：使命—战略的破界创新

卓有成效的战略变革，不是从内容着手，而是从结构着手。时任微软 CEO 的萨提亚·纳德拉先生率先打破使命和文化禁锢，再进行战略变革，让在移动互联网时代迷失的微软大象起舞、重回巅峰。

在上一章"破界创新"中，我们讲到，破解创新的难点就是发现并打破隐含假设。而隐含假设对应到组织时，往往表现为使命、文化，所以发现并打破隐含假设的过程，往往是重建使命、文化和战略的过程，我们称其为"组织刷新"。

本章我们将通过时任微软CEO的纳德拉刷新微软的案例，来完整理解破界创新在组织层面的应用。

鲍尔默时代的迷失

关于计算机领域的巨头微软，我相信大多数人并不陌生。它始建于 1975 年，开发出了占世界 90% 以上份额的个人计算机程序，至今依然是世界排名前列的优秀软件公司之一。

说到微软，大多数人第一时间想到的就是微软公司的创始人比尔·盖茨（Bill Gates），无论是他在商业发展领域的远见卓识，还是在计算机技术方面的突出能力，甚至是大学退学的"勇敢创举"都为人所称道。

比尔·盖茨是微软第一曲线的建立者（founder），回顾微软从起步到 2000 年的这段时间，可以用 3 个关键词串联成的一句话来描述，那就是"主营业务是 Windows+Office 运行在 PC 之上"。这 3 个关键词几乎代表了盖茨那个时代微软的业务边界，而比尔·盖茨也在微软名声大噪时功成身退。

盖茨眼中微软公司的使命是什么呢？ 1976 年，他提出了一个伟大的使命：让每个家庭、每张办公桌上都有一台个人计算机。在计算机的 To B 时代，两个人曾提出过这个愿景，那就是被誉为 PC 时代双子星座的比尔·盖茨和乔布斯。他们开拓了一个新地基，并在此之上成就了伟大的事业。

实际上，早在 2000 年，45 岁的比尔·盖茨就已经"功成身退"，只担任微软公司的董事长，而不再出任 CEO。从时间上说，2000 年也是微软最为辉煌的一年，当时公司的市值达到6000 亿美元，全球排名第一。

在比尔·盖茨退居二线之后，他的同学，也是当时微软的高层管理者史蒂夫·鲍尔默（Steve Ballmer）成为微软的掌舵人。在当时，Windows 操作系统和 Office 办公软件依然是微软主要的两大产品，并且延续了微软的第一曲线的隐含假设。鲍尔默则顺理成章地成为比尔·盖茨使命的最佳践行者（见图 4-1）。

Windows
+
Office
———
PC

让每个家庭、每张办公桌上都有一台计算机

图 4-1 微软公司的使命

诚然，在第一曲线的发展上，鲍尔默创造了辉煌的功绩，微软公司的营收增长了 4 倍，达到 778 亿美元；利润增长了 10 倍，年利润达到 267 亿美元。同时，微软的员工数量增长了 3 倍，接近 10 万人。Windows 操作系统已经占据了所有 PC 端 90% 以上的市场份额，毛利率达到 75%。但是在这个过程中，微软的市值却下降了近一半。

公司业绩节节攀升，为何市值反而下降呢？答案是成于第一曲线，失于第二曲线。其实结合当时的时代背景，答案显而易见，微软公司在鲍尔默的带领下，错过了互联网发展的红利期。当然，这样的说法比较笼统，我们可以拆分成具体的项目进行分析。

首先，微软错过了互联网普及浪潮，以谷歌为代表的搜索引擎公司迅速崛起；其次，微软错过了互联网社交浪潮，以 Facebook 为代表的社交软件逐渐兴起；再次，微软错过了移动互联网浪潮，它在 PC 操作系统中占据了 90% 的市场份额，但在智能手机操作系统的市场份额中仅占 1%；最后，微软即将错过云计算的新浪潮，以亚马逊为代表的云计算技术已经率先抢占了市场。

我们一直在强调，创始人的认知边界是一家企业发展的真正边界。比尔·盖茨作为微软公司的创始人，在以 PC 时代为基石假设的前提下，推导出正确的企业发展路径。但这种基石假设最终成为微软无力挣脱的发展边界。很多人认为微软死于强大的竞争对手，实际上微软从来没有被任何竞争对手打败，而是被它自己内在的隐含假设，被 PC 时代的第一性原理禁锢。

从鲍尔默管理时期为公司创造的收益来看，他是一名守成的优秀领导者，但他过分执着于比尔·盖茨所创造的既定发展道路，失去了进取的动力。一直到 2013 年，鲍尔默依然宣称在微软没有什么比 Windows 操作系统更重要。虽然 Windows 是微软的"长子"，但它却成了这个家庭的全部，扼杀了其他"孩子"出生的权利，甚至已经出生的"弟弟妹妹"的命运也被牢牢地绑定在了它的身上。

纳德拉刷新微软

在移动互联网时代迷失的微软，是如何大象起舞、重回巅峰的呢？关键在于，它找到了一个新的更具开拓精神的CEO——萨提亚·纳德拉（Satya Nadella），他是微软第二曲线的刷新者。

在担任微软的CEO之前，纳德拉一直在和技术打交道。对于微软Azure云服务、数据库、Windows服务器和开发者工具等技术，纳德拉都是开发者之一。他于2014年正式从鲍尔默手中接过CEO的重任，当时的微软正面临巨大的发展压力。纳德拉一上任，就被赋予了带领微软全面复兴的重任。

在企业发展的过程中，始终存在一个失速点。所谓失速点，就是"存量"增长到一个阈值后，激活了一个刹车式的"调节回路"。简单来说就是，企业在现有的发展逻辑中到达营业峰值之后，发展速度就会急速下降。在失速点的相关理论中，有一种说法让企业对失速点避之若浼。有数据显示，企业一旦到达失速点，重新恢复增长引擎的可能性只有 4%，也就是几乎不可能。换句话说，一旦企业到达失速点，几乎不可避免地陷入发展延缓的境地。

即便当时的微软没有到达失速点，实际上也无比接近，但纳德拉只用了 4 年的时间就把微软从业绩持续下滑的旋涡中拯救了出来。当时的微软因为发展的停滞，在行业中的地位也在不断下滑，所以很少有人继续关注微软。直到 2018 年微软重回行业前列，人们才开始注意到，纳德拉刷新了微软的发展系统。

纳德拉在《刷新》一书中，曾经提到这样一种说法："每一个人、每一个组织乃至每一个社会，在到达某一个点时，都应该点击刷新——重新注入活力、重新激发生命力、重新组织并重新思考自己存在的意义。"

纳德拉深刻地理解熵增定律，明白大多数独立系统都会不由自主地趋向于熵增，随着熵[1]的持续增加，任何组织都会到达混乱无序状态的临界点。如果任由企业在无序的状态下继续发展，系统迟早会崩溃。为了避免出现这种局面，我们必须主动地刷新企业系统，找到既定路线之外的发展渠道，推动企业持续、稳定的发展。虽然纳德拉的"刷新"理论看上去自成体系，但从本质上讲，它就是第二曲线创新。

---

[1] 熵的本质是一个系统"内在的混乱程度"。

纳德拉用"刷新"这个词指代了企业从第一曲线转换到第二曲线的方法论，我个人认为非常贴切。我们已经知道第一性原理支撑了某一个理性系统，在商业系统中也是如此，企业的发展战略之下都存在隐含假设。而在发展战略的隐含假设中，深入企业文化深处，从开始阶段就会对经营者产生方向性引导的因素就是"企业的使命"。事实上，使命是一家公司的战略起点和支撑点，任何一家公司的旧战略都是基于旧使命的，当你刷新使命时，新的战略就会自然涌现（见图4-2），并最终形成新的企业文化，我们将这一过程总结为刷新使命、刷新文化和刷新战略，下面我将分而论之。

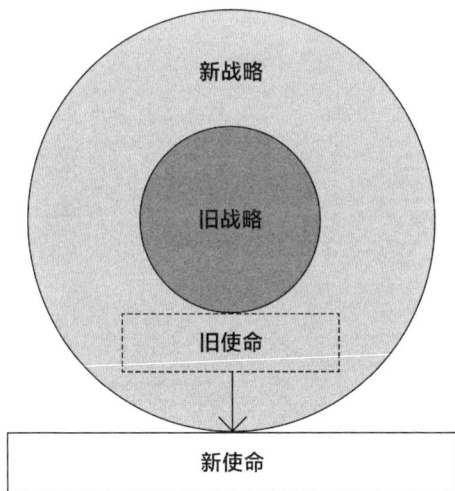

图 4-2 使命和战略的破界创新

刷新使命

考虑到企业使命的根基性地位，纳德拉上任之后选择的第一个着眼点，就是刷新微软的使命。这是他整个战略变革中最亮眼的地方：不是从内容着手，而是从结构着手。

1976年，盖茨为微软制定的使命是让每个家庭、每张办公桌上都有一台个人计算机。从这个使命出发不难理解，微软在前15年的发展过程中，一直以PC产品作为自己的第一性原理，于是Office的销售捆绑在Windows系统上，而Windows系统只能安装在PC之上，从而构成了天然的一切。这是使命驱动战略这样一个典型模型。

结合微软当时所处的时代特点，纳德拉敏锐地发现盖茨对微软使命的定义在逻辑上存在一个极限点：微软并没有考虑到，一旦目标达成，公司接下来的发展方向。事实上，20世纪90年代末，至少在发达国家，微软旧使命的目标已经基本实现；但在21世纪初，在鲍尔默的领导下，微软努力保持了在PC市场的领先地位，却没有进行新的探索和创新。也就是说，在纳德拉接手CEO职位之前，微软的使命已经阶段性实现，同时没有新的目标指引公司的发展方向，员工感受不到使命愿景的激励，而旧使命反而禁锢了公司的发展。

在详细讲解纳德拉如何刷新微软使命之前，我们先要了解纳德拉为微软制定的使命是什么。换个角度来说，企业的使命到底由何而来？在《刷新》这本书的英文版中，除了主书名，还有一个副书名，直译过来的意思是"重新发现微软的灵魂"[1]。类似的话，乔布斯也说过，在重返苹果公司之前，他对苹果公司的评价是苹果的产品没有灵魂。那么，公司的灵魂到底是什么呢？纳德拉说："我说的不是宗教意义上的灵魂，而是一种最自然的、表露内心的声音。我们必须回答一个问题，这家公司是做什么的，我们为什么而存在？"

我以前特别不喜欢"使命"这个词，认为说使命、价值观，都是为了宣传，只是公司高管脑力激荡想出的一些好词，而企业真的做到了吗？绝大多数企业并没有把使命当作根基来对待，而纳德拉的这句话深深地打动了我，也让我对使命的认识发生了根本性的转变。

我们往往为了某个目的、某个初心往前走，但走着走着就忘了自己的初心是什么，这个世界由于我们的存在会有什么不

---

[1]《刷新》中文版的副书名为"重新发现商业与未来"。

同，或者换成更极端的一句话："如果你的公司明天消失了，会对这个世界有什么影响吗？"一般来讲，大家会用盈利衡量公司存在的目的，而像乔布斯、纳德拉这些顶级的管理者，则会从企业存在的意义方面进行深度思考。

纳德拉开始通过灵魂拷问的方式，想要从比尔·盖茨40年前所制定的目标中找到他制定这一目标的第一性原理。盖茨当时为什么会提出这个目标呢？盖茨当时为什么要创办微软公司呢？他提出这个目标背后的精神是什么呢？通过一系列的追问，纳德拉找到了自己的答案，盖茨之所以会提出这种目标，其背后是"为了为他人赋能"。

根据为他人赋能的第一性原理，纳德拉推导出一个结论：微软的使命不是单纯地生产计算机和软件产品，而是为了帮助其他人做事、做成事。微软存在的意义是为了打造可以赋能他人的产品。至此，纳德拉找到了微软在新时代的新使命，那就是赋能全球每一人、每一个组织，帮助他们成就不凡。这里的关键词已经变成了"赋能"和"帮助"。

刷新文化

　　我们来看第二步文化刷新。德鲁克曾说："文化把战略当早餐吃。"如果你只盯着战略，必定会失败，因为既有的文化会把新战略当早餐给吃掉。纳德拉非常相信这句话，他说："最终任何一家企业的成功或失败的原因都是其现行文化的滞后反应。"

　　当我们讨论企业文化时，天然地认为这个词是好词，我们认为只要公司有企业文化，公司就会发展良好。其实错了，任何文化一开始都是为了维护载体在某一个特定环境下的生存。但是环境会发生变化，所以最后几乎所有文化，在变化的环境里，都会变成对载体的戕害。如何破除这种戕害？答案是改变思维结构。

　　文化是一个非常含糊的词，也许很多人都没有真正明白文化是什么，但纳德拉不一样，他认为文化最重要的特质是思维。纳德拉说："文化或许是一个模糊、难以捉摸的词。对一个组织来说，与文化最相关的是人们日常生活中所坚守的价值观、风俗、信仰和具有象征意义的实践。但我认为，文化是一个由个体思维组成的复杂体系，比如在我前面的这些人的思维。文化是一个组织思考和行为的方式，但塑造它的是个人。"这是一个非常睿智的观点，很难从内容层面说清楚文化是什么，所以应该从思维结构入手。

他是如何得出这个结论的呢？纳德拉有一个患有脑部疾病的孩子，他的太太一直都在照顾这个孩子。他的太太向他推荐了卡罗尔·德韦克（Carol Dweck）的《终身成长：重新定义成功的思维模式》（*Mindset: The New Psychology of Success*）一书。原本推荐这本书是为了孩子的教育，但是纳德拉却在这本书中看出了"金子"，他认为书中的观点不仅对儿童教育有益，对微软的文化刷新也有帮助。

这本书最大的亮点是把世界的思维分成两种思维，一种思维是固化型思维，即内容定下来之后就不会发生变化；另一种思维是成长型思维，这种思维相信人是动态的，是以动态为"一"的一种思维方式。卡罗尔认为，世界上的所有人可以被分为学习者和非学习者两种人，固化型思维会限制人们的发展，成长型思维则会推动人们不断前进（见图4-3）。

怎么区别这两种方式呢？成长型思维的基石假设是人的能力是可以通过努力提高的，甚至认为人的智商也可以通过努力而提高。知识内容不那么重要，可以改变。而固化型思维是指人的能力是天生不变的，包括智商。如果你是聪明人，那么你就永远是聪明人，如果你今天知识丰富，那么你永远知识丰富，你是不变的。

基石假设：人的能力是可以通过
努力提高的
a. 成长型思维

基石假设：人的能力是天生的，
是固定不变的
b. 固化型思维

图 4-3 成长型思维与固化型思维

这两句话触动了纳德拉，他终于明白，我们的文化原本是固化死板的。每一名员工都需要向其他人证明自己无所不知，证明自己是屋子里最聪明的人，不能出一点差错，永远不能（不敢）落后于他人。

他对此突然产生巨大的共鸣，发现原来微软的文化里最大的漏洞是固化型思维。2011 年微软的文化是不同的部门打架，因此微软前期收购的企业难以在内部存活下来。

所以，纳德拉刷新微软文化时，用了非常简洁的一句话——从固化型思维转为成长型思维。纳德拉说："固化型思维的公司总在逃避风险，却又期待创新的出现。而成长型思维则会把关注点从到底做错了什么，转变到我们从中学到了什么。"固化型思维与成长型思维相比，一个是看结果，一个是看过程。

作为 CEO，纳德拉每天都会检查他每一个业务的决定是否有助于整个公司转向成长型思维。固化型思维的人，就会天天想着逐渐下滑的 PC 市场。而成长型思维会从守势转变为攻势，目标是要赢得价值数十亿美元的联网设备，而不是忧虑不断萎缩的市场。

依照惯例，当微软发布新 Windows 版本时，现有的 Windows 需要付费才能完成升级。微软 Windows 负责人迈尔森就拥有成长型思维：他放弃一部分收入，将之前的 Windows 付费更新转为限时免费升级。这一策略成就了有史以来最受欢迎的 Windows 升级服务，升级用户数达到数亿。

固化型思维把微软变成一家在竞争中碾压一切对手的公司；成长型思维让微软把重点放在业务增长上，致力于让其与硅谷的其他公司成为好朋友。所以纳德拉从高通招了一个女高管过来，唯一的任务就是让微软在硅谷有更多的朋友。

微软曾与雅虎签订微软必应独家的搜索协议，但雅虎后来希望解除这份协议。这在微软过去的历史上是不可能接受的，但纳德拉居然同意了。

在此过程中，微软没有向雅虎提出任何要求；相反，它们选择倾听，站在雅虎的立场上充分考虑，并寻求新的解决方案。最终，微软决定放弃将必应作为雅虎独家搜索合作伙伴这一排他性条款的权利。

《中欧商业评论》曾发表的一篇文章，我觉得说得特别好，"很多人把微软重回聚光灯的原因归结为成功地实施了云战略，这话只说对了一半。顺利云化是所有人看得见的那部分，真正让微软焕然一新的不是任何实打实的战略、产品或市场定位，而是纳德拉在根子上重塑了微软积病已久的文化。"无论从方式还是规模上，纳德拉对微软文化的转变堪称教科书。

刷新战略

因为新使命为新的商业系统指明了方向、奠定了基础，所以，纳德拉在第一步成功刷新了企业的使命，以及第二步刷新文化之后，第三步刷新战略就变得非常容易。

纳德拉在打破了原有的使命禁锢之后，发现 PC 市场已经在逐渐萎缩，而互联网、传感器、物联网等新的联网设备市场正方兴未艾。结合新的使命、时代特点以及微软自身的优势，纳德拉提出了新的轻战略发展模式——移动为先、云为先。纳德拉认为，必须重新发现微软的灵魂，即微软独一无二的核心，必须拥抱只有微软才能带给世界的东西——微软是提供生产力和平台的专家。

所以，在新的发展战略中，纳德拉提出以下三大要点。

第一，必须重塑生产力和业务流程。微软渴求协助所有人提高生产力，无论他们身在何处以及使用何种设备。

第二，构建智能云平台，帮助初创公司、小企业和大公司提升智能运算。

第三，创造个性化的计算机，可进行跨设备无缝衔接。

我们首先来看移动为先这个战略。

原来微软的主要产品是 Office 应用软件，它也是微软主要的收入来源。但 Office 应用软件只能在有 Windows 操作系统的 PC 上运行，不能在手机中运行，也不能在线使用。但在新使命的驱动下，微软希望协助所有人提高生产力，无论他们身在何处，也无论他们使用何种设备。所以，移动为先的战略就是要打破原有的基石假设，将主要的产品从 PC 端转移到其他所有的联网设备之上。纳德拉说，世界上接入互联网、传感器和物联网的人会达到 30 亿。个人计算机的销售量正在下滑，但是"成长性思维"要求微软把"直面现实的勇气"改成"直面机遇的勇气"。微软要赢得价值数十亿美元的联网设备，而不是忧虑不断萎缩的 PC 市场。

于是，纳德拉取消了对 Windows 手机操作系统的授权费，所有厂商都能免费使用 Windows 手机操作系统，包括竞争对手的设备。由于微软进入移动端市场的时机问题，市场上已经出现了成熟且得到广泛认可的手机操作系统，而且除了强大的竞争对手，微软过去处于垄断地位时的强势态度也让厂商在选择时摇摆不定。

纳德拉出任 CEO 后不久，决定全面推广 Office 产品，合作的操作系统包括苹果的 iOS 和谷歌的安卓。在一次发布会上，纳德拉居然使用 iPhone 手机演示微软的软件。而在此之前，在鲍尔默时代，如果有高管在公开场合使用 Windows Phone 之外的手机，是会被斥责的。但在那次发布会上，纳德拉说，这是一部非常独特的 iPhone 手机，因为它安装了微软所有的软件和应用。虽然只是一个不起眼的开场白，但充分地表明了，这次边界的打破将微软带入了一个新世界，微软从封闭开始走向开放。

自 2015 年 9 月 17 日，纳德拉公开使用 iPhone 演示 Outlook 之后，微软的每一个部门和员工开始卸去身上很多无形的枷锁和压力。微软高管也开始公开使用 iPhone，不再有所顾虑。[1] 这对微软而言意味着一个新时代的来临，不再强行推广自己的 Windows 操作系统，不再坚持 Office 必须与 Windows 绑定，而是采用更加开放的心态，将自己的应用在各个操作系统上流通，微软进入一个开放、合作的时代。

截至 2017 年，微软在手机中已经发布了 100 多款 iOS 应用，除此之外，它开始向自己原来的主要竞争对手开源系统 Linux 释放善意。

在移动为先战略的支持下，原来只靠销售版权为生的 Office 产品，成功转型升级成 Office 365，盈利方式也从收取版权费转变成向用户收取订阅费用。Office 365 通过提供软件云端化的体验和服务，2018 年实现企业订阅用户 1.2 亿，个人版付费用户达 3140 万。华尔街见闻在一题名为《微软已经不再是微软：带你重

---

[1] 严冬雪 . 微软靠什么重新崛起？［J/OL].AI 财经社，（2017-06-16）[2020-06-06.]

新认识这位 5 年 4 倍的巨头》的文章中评论道："微软已经将自己从一家卖软件许可的传统公司转型成收取订阅服务费用的互联网公司。"从这个角度来讲，微软已经初步打破了原有的系统边界，找到了新的发展路径。

当然，真正把微软重新带回世界之巅的是它的云计算服务。

在出任 CEO 之前，纳德拉是微软云计算业务的负责人。微软错过了移动互联网时代，但云计算与互联网、网络社交等新兴浪潮不同，微软虽然没有赶上云技术革新的第一趟班车，但因为云技术开发的难度相对较高，所以微软入局的时机，尚不算太迟。

2011 年，纳德拉被任命为 STB 部门负责人，该部门是在微软内部仅次于 Office 业务部和 Windows 业务部的第三大业务部，它的主营业务是 Windows 服务器和 SQL 服务器，还包括正在孵化当中的云服务（Azure）。但是，当时服务器与工具业务板块正处于商业成功的顶峰，提供云服务的仅仅是一个代号为"赤犬"（red dog）的边缘化小团队。

与此同时，亚马逊的云服务（AWS）已日趋成熟，业务收入达到数十亿美元，而微软的仅有区区几百万美元。也就是说，无论在微软内部还是在市场上，最初云服务都属于一个非常小的业务单元。

但纳德拉在当时就预判，云服务会是未来发展的趋势，所以他说服团队，采取了有违直觉的战略，将工作重点从收入规模庞大的服务器工具业务，转向微不足道的、几乎没有任何收入的云服务。当时，几乎所有部门的同事都反对这项决定，因为他们在旧使命的影响下，已经形成了惯性思维，认为服务器才是微软的主流产品。但是纳德拉非常坚定，他说："作为一个团队，我们必须达成共识，云为先是我们的指南针。"

不得不承认，在云技术发展的早期阶段，亚马逊的 AWS 处于绝对的领先地位。但纳德拉认为，AWS 是公有云的策略，主要客户是中小型客户，而除了这些中小型客户，市场上还有一定数量的大客户在云服务方面的需求未能得到满足。所以微软巧妙地避开了 AWS 的强势领域，从大客户入手，量身定制了符合大客户需求的云服务解决方案，其中包括混合云、智能云等。微软甚至还为大客户提供了一些独一无二的工具，比如办公软件一键引入功能等。作为后起之秀，微软在云技术方面并不比 AWS 做得更好，但它的服务是独一无二的。

纳德拉把云计算作为微软的战略核心，而不再强调操作系统的价值，投入大量人力开发 Linux，使其支持亚马逊的云平台。在这一过程中，原有的领先者 Windows 也被边缘化了，原来的 Windows 云被他更名为微软云（Micrsoft Azure）。同时，他还果断地砍掉了很多没有优势甚至已经成为拖累的业务板块，最典型的案例就是卖掉了之前收购的诺基亚手机。然后，他把资金、人力等全部"弹药"投入云技术开发业务板块，每年投入几十亿美元。他用 75 亿美元的高价收购了代码托管网站 GitHub，聚拢技术开发人员为微软云开发第三方应用。他甚至为了铺设云场景，花费 262 亿美元收购了领英（LinkedIn），把海量商业用户引向微软的云端。

截至 2018 年第二季度，微软云的用户数量已经达到同类型产品中的第二名，市场份额占比为 14%，同时期亚马逊的市场份额占比 34%，谷歌的市场份额占比 6%。当时，微软云的营业收入达到 200 亿美元，首次超过总收入的 20%，而这个数字在 2015 年年初时仅为 5%。我想，到今天它的比例应该更高了，仅仅几年的时间，云服务已经成功代替 Windows 成为微软真正的第二曲线，也成了微软新时代的代名词。

在微软的历史里，Windows 几乎是微软的同义词，连微软的商标都是 Windows 视窗。2013 年，鲍尔默说过，在微软没有什么东西比 Windows 更重要。但当以 PC 为中心的主营业务 Windows 处于极限点之后的失速阶段时，纳德拉大胆地采用了去 Windows 策略，勇敢地打破了原有系统的边界，实现了企业的破界创新。

2015 年纳德拉把 Windows 连同 Xbox 主机、Surface PC 等一系列业务打包划入"More Personal Computer"这一业务类别，迈出了"去 Windows 化"的第一步。2018 年 3 月，微软宣布了纳德拉上任以来最大的公司重组计划，将 Windows 部门分拆后，并入两个新成立的部门中。至此，

Windows 这个词甚至都已经在微软内部消失了。

2014 年 2 月 7 日，纳德拉成为微软第三任 CEO，当天微软市值 3017 亿美元；2018 年 11 月 30 日，微软市值冲顶 8512 亿美元，超越苹果公司，重返第一；2020 年 1 月 1 日，微软市值 1.21 万亿美元。

纳德拉说，"Windows 既是光环也是枷锁，卸下它才能走得更远。微软只有忘掉过去的辉煌，打破原有的认知，才能在新时期找到新的发展方式。"对于纳德拉对微软的刷新，盖茨给予了高度的评价，他认为在纳德拉的领导下，微软已经改变了原来完全以 Windows 为中心的策略，走向了全新的未来。

从刷新微软的故事中，我们可以学到什么？任何战略之下都有隐含假设，本章中我们总结为使命。如果你的企业暂时没有使命，就不要硬套，找到深层次的隐含假设或第一性原理，作为战略基石就好。

需要注意的是，我们所定义的使命是一种最自然的、内在的声音的表露，即我们为什么而存在？活着的意义是什么？有了我们的存在，这个世界会更美好，还是会更坏？这些都值得我们反复思考。

章

五

第一创新：基于第一性原理进行创新

何谓"第一创新"？如果说破界创新的关键词是"破"，那么第一创新的
关键字则是"立"。它是公理化思维在创新中的应用，是从一个抽象的第
一性原理出发，用逻辑思维将其拆解，进而推导出这个系统的基本原理，
打破原有认知，寻找并建立新系统的过程。

第二章讲述了公理化思维，几何是整个哲科思维的应用范式。本章将重点介绍公理化思维在创新中的应用，我们称之为"第一创新"。何谓第一创新？简单来说，它是第一性原理在商业创新中的应用，我姑且把它命名为"第一创新"；本书的第六章则是第一性原理在科学领域中的应用，我们称之为"万物至理"。

同是植根于第一性原理的创新，与破界创新的关键词"破"不同，第一创新的关键词是"立"。破界创新有3个步骤：识别隐含假设，建立基石假设，构建全新系统。其中，最难的是第一步，从具象到抽象的过程。第一创新是基于重要学科的重要原理。这里的重要原理不一定只有一个，它可能是几个，然后被组合成多元思维模型，无须太多，三五个多元思维模型就会让你与众不同。第一创新的重点是找到第一性原理，是从抽象到具象的过程，这是两种创新模型不同的关键之处（见图5-1）。

破界创新　　　　　　　　　　　　　　　　**第一创新**
　　　　具象　　　　　　　　　　　　　　　　　具象
破　　↓　　**逻辑比事实更真实**　　↑　　**立**
　　　　抽象 ━━━━━━━━━━━━━━━━━━▶ 抽象
　　　　　　　　　　第一性原理

图 5-1　破界创新与第一创新的区别和联系

不难看出，第一创新是基于第一性原理去推导创新的方法和过程，也是构建新商业系统的过程。所以，从这个角度讲，第一创新是非常适合起步阶段的创业者的创新方法。

从归纳创新到演绎创新

在所有的科学家中，我个人最推崇的就是爱因斯坦。在爱因斯坦之前，大多数科学研究都建立在归纳法的基础上，科学家通过观察和反复实验，从某些事物中归纳出定理或规律。随着发现的定理和规律的数量增多，科学家发现这些定理和规律都符合某种根基性的第一性原理。

但是，爱因斯坦利用公理化思维的方式从根基性的第一性原理出发，通过演绎法的逻辑推导，找到了某些自然定律，然后经过自己和其他科学家的验证，证明这些发现准确无误。

从某种程度来讲，事物的发展都有共通之处，与科学研究方法的转变类似，在商业领域中也正在发生创新方法的转变。一般来讲，大多数企业进行的创新工作使用的都是归纳法的逻辑。创业者或经营者根据以往的实践成功经验，归纳并总结出某种创新模型，然后通过把这种模型推广到企业的各个经营环节或各个门店中，推动企业向前发展。现在市面上很多关于创业、创新管理的畅销书，基本上都是这个范例。

如果从更大的范围、更深层次的分析角度来看，你会发现所有从经验中归纳、总结出来的创新模型，最终都会符合某种第一性原理。与其长时间地持续总结经验，我们不如换一种视角，将这种归纳创新变为演绎创新，使用演绎的方法直接定位到某种对企业发展有根源性促进作用的第一性原理，然后从第一性原理出发，推导出新的创新模型，最后我们就可以把这些模型应用到实际的工作中，去指导创新实践。

过去我们相信"实践出真知"的归纳创新，现在我们推崇的是逻辑上正确、事实上就一定正确的演绎创新，一言以蔽之，就是基于第一性原理的第一创新。这种创新可以跨越领域依赖性，在不同领域中通用。

基于第一性原理的第一创新

　　说了这么多，究竟第一性原理应该如何实施呢？在讲解具体方法之前，我们首先要明确一个概念，系统与系统之间是有层级之分的。其实在讲解第一性原理时，我们已经提到过这个概念，每一个系统都有自己的第一性原理，但是系统有大系统和子系统之分，因此不同系统的第一性原理之间也有层次关系。

　　比如，商业人士建立的系统可以称为商业系统。在一般情况下，我会认为自己的商业系统已经达到一定的规模，但对于真正的科学家和学者而言，我的商业系统只是自然科学和社会科学的子系统而已。

　　与此同时，我们也知道第一性原理通常处于系统之外，往往来自其他更高维度的系统。我们在商业系统中是找不到商业系统的第一性原理的，只能在更大的社会科学和自然科学中找到它，因此重要学科的重要原理可以作为商业的第一性原理。

比如，基于物理学的还原论[1]，我们以此作为商业系统的第一性原理，推导出了组合创新[2]的思维模型；基于生物学的进化论，我们在商业系统中推导出了分形创新[3]的思维模型；基于哲学的本体论，我们推导出了破界创新。

从这些实际案例中不难看出，我们并不是在实践中通过研究很多案例，然后归纳并总结出组合创新或者分形创新的方法，而是基于基础学科，找到商业系统最基础的理论，然后通过演绎法，推导出一些可用的模型。尽管我举的很多例子看起来像是归纳法，但我只是用那些例子来验证模型而已。

在所有的学科中，哲学的基础性地位毋庸置疑，无论是物理学还是生物学的发展，实际上都是建立在哲学思想的第一性原理之上。从这个角度来讲，将哲学思维作为商业系统的"基石假设"应该是一种行之有效的手段。但现实是，在我们的群体认知中，哲科思维属于"无用"的学问。其实，并不是哲科思维"无用"，而是我们还没有学会如何去应用这种根基性的学问。所以我称这种创新为"第一创新"，我想表达的是从第一性原理出发，应用到所有领域的味道。

---

[1] 是一种哲学思想，认为复杂的系统、事物、现象可以将其化解为各个部分的组合加以理解和描述。

[2] [3] 李善友 . 第二曲线创新 [M]. 北京：人民邮电出版社，2019.

查理·芒格的多元思维模型

美国著名的投资家查理·托马斯·芒格（Charlie Thomas Munger）在《穷查理宝典》一书中说过："如果你只是在商业领域思考，你的视野将会非常狭窄。如果你想更好地投资，必须更深刻地理解世界。"此外，查理·芒格在这本书中还提到了一个重要的概念——多元思维模型。混沌学园经常提及的教学理念——思维模型、刻意练习，便来源于此。

作为一名经验丰富、能力突出的投资人，芒格曾经提出一种"生态"投资法，他认为"投资者应该糅合来自各个传统学科的分析工具、方法公式，这些学科包括历史、心理、生理、数学、工程、生物、物理、化学、统计、经济等"。实际上，这种投资法的理念基础来自多元思维模型，"几乎每个系统都受到多种因素的影响，所以若要理解这样的系统，就必须熟练地运用来自不同学科的多元思维方式"。从多元思维模型的内涵不难看出，这是一种充满了哲学意味的概念，所以在我的认知中，芒格几乎是商业社会中的哲学家，他的投资活动虽然发生在商业社会，但他的思想却沉浸于基础学科。

那么，芒格提出的多元思维模型又是来自何处呢？是根据自身的投资经验总结出的方法论吗？答案当然是否定的。实际上，多元思维模型来自重要学科的重要理论。

芒格认为，在我们的日常生活中，有一种思维层次的病叫作"锤子综合征"。简单来讲，如果你的手中只有一把锤子，你满世界看到的都是钉子。往深刻的角度剖析，我们自认为是在使用大脑进行思考，其实只是用大脑中既有的思维模型在思考。如果外界在我们的大脑中植入了某种思维模型，我们自然就会用这种思维模型来思考。但是，如果这种思维模型是错误的，或者只用一种思维模型来看待世界，我们对世界的认知就会出现扭曲，这就是所谓的"锤子综合征"。

在现实生活中，我们接受的教育基本都是从普通知识到专业知识，即随着受教育水平的提升，我们会在一个相对狭窄的领域向前发展。但在进入社会之后，我们就会发现，很多问题并不能通过一个狭窄领域的工具轻易解决，而我们在受教育的过程中，已经被植入了某种固定的思维模型，所以在离开学校之后，大多数人很难快速地融入社会。他们往往还要经过社会的"再教育"才能摆脱原有的思维模型，成功地在社会上立足。

因此，芒格建议投资者应该建立多元思维模型，通过广泛地学习数学、物理学、生物学、哲学、心理学、经济学等不同学科的思维模型，将其融会贯通，然后基于这些思维模型和理论建立自己的投资方法论。

大多数人可能会产生顾虑，认为自己没有时间和精力去学习这么多的学科。但是芒格所说的多元思维模型，并不是要求我们深入地学习每个学科，而是只学习每个学科中真正的大道理。实际上，在每个学科中，真正的大道理可能只占全部内容的5%，但它却代表着95%的重要性。

那么，这些大道理在哪里呢？芒格认为，所谓的大道理，其实就是每个学科的基础思维，而在我们的学习过程中，与思维相关的内容通常是大学一二年级的主要课程。在实际的学习过程中，我们并不是要学习深刻的知识，而是学习不同学科的差异化思维方式。对我们而言，每个学科都是一种思维的视角，就像一个个功能不同的眼镜，有的是近视镜，有的是远视镜，有的是显微镜，有的是望远镜。而我们就是通过功能各异的眼镜研究这个世界，从而形成不同维度、不同角度的综合认知，这才是学习不同学科的要义所在。芒格也列举了一些他认为的重要学科的重要理论，比如有数学的复利模型、物理学的临界质量模型、生物学的现代综合进化论、化学的自我催化模型，以及工程学的备份模型等。芒格认为，掌握100个模型就差不多可以拥有通识智慧了，而其中非常重要的不超过10个。

当然，在学习了不同学科的大道理、拥有了多种不同的思维模型之后，多元思维模型的建立依然没有结束。我们还要把这些思维植入自己的大脑，并用毕生的时间去培养它们，让它们变成你随时能够调用的本领。这是一个需要持续一生的训练，我把这种训练方式称为"刻意练习"。芒格说："如果你能做到这一点，我向你保证，总有一天你会在不知不觉中发现你已经是同龄人中最有效率的那一个人了。"

如今芒格已经 90 多岁了，但在《穷查理宝典》一书中，巴菲特依然评价他说："查理能够比其他人更快、更准确地分析任何种类的交易，他能够在 60 秒之内找出令人信服的弱点。他是一个完美的合伙人。"如果你学过围棋，你会发现所有学习围棋的人一定要学"定式"，也就是按照棋谱下棋。虽然学习各种各样的定式看上去非常复杂和烦琐，但是通过反复训练，将这些定式植入思维，你会发现在下棋时，即便你不去刻意地回想，你也能按照定式找到最佳的落子方位，这就是建立多元化思维模型的方法——学习思维模型和刻意练习。

人类文化的元知识

从目前的社会来看，大多数人正在使用的学习方式是，随着社会的发展不停地获取新信息，学习新知识。实际上，我并不赞成这种学习方式，因为我们现在正处于一个飞速发展的时代，新知识、新信息无时无刻不在爆炸式地涌现，而学习是一个循序渐进的过程，我们学习的脚步又怎么能追得上时代进步的速度呢？

在我看来，成年人学习的关键并不在于增加信息量，而在于提升自己的思维模型。在低水平的思维模型中，增加再多的内容也只是低水平的重复而已，只有提升思维模型的水平，才能让我们接纳更多高维的信息和知识。当然，想要实现这种目的，学习更多的思维模型和重要学科的重要内容是不可或缺的环节。

究竟哪些重要学科的思维模型和重要内容是我们应该学习的呢？换个角度思考，我们正处于哲科时代，不同的学科都有自己的第一性原理，实际上，这些第一性原理就是人类的文化基因。那么，我们能不能从文化基因中找到一个通用的组合，用它有效地提升全人类的思维模型呢？关于这个问题，我们可以用一个思想实验来说明。

我在斯坦福大学做访问学者那一年，曾经旁听过张首晟教授的一堂课，这节课的名称很有趣，叫"2012信封的背后"。他说假设世界末日就要到来，挪亚方舟上只能带一对动物和一个信封总结人类所有的知识，那么你们会写下什么？这个思想实验非常有趣，它要求你必须写下极简的东西。

张首晟教授给出的答案是这样的，他一共列举了8条重要学科的重要内容：第一，在哲学领域中，他列举了原子论[1]；第二，在数学领域中，他列举了欧氏几何；第三，在生物学领域中，他列举了自然选择；第四，在经济学领域中，他列举了"看不见的手"；第五，在政治学领域中，他列举了"人人，生而平等"；第六，$E=MC^2$；第七，熵增定律；第八，量子力学的测不准原理。后3条内容属于物理学领域。以上内容就是张首晟教授认为在人类的文化基因中重要的组成部分。

人类文明发展至今，科技飞跃、信息爆炸，但真正能够被称为元知识、元信息的内容，就是各个学科的基础理念。

---

[1] 所有的物质都是由一个不可分的基本单元——原子组成的。

国内知名的游戏公司昆仑万维的董事长周亚辉曾在文章中写道："我认为未来 30 年能做到百亿美元公司的 CEO 都是科学家、经济学家、历史学家、哲学家，他们的思考能力足够深，优势很明显。"对于这句话我深表赞同，当然我们并不是要成为真正的科学家或经济学家，这句话的深层含义是说，我们需要具备科学的思维方式、经济学的思维方式和哲学的思维方式。

　　王东岳老师曾经提出一种递弱代偿的理论。他认为我们生存的环境将会越来越恶劣，为了更好地适应未来社会，我们需要掌握的知识和提高的思维能力必须上升一个台阶。而提高的方式，实际上就是我们所讲的第一创新，利用人类的元知识作为第一性原理，去建立新的思维模型，然后通过不断地刻意练习，将这种思维模型深深地烙印在自己的潜意识中，从而实现思维能力的提升。

埃隆·马斯克的第一创新

关于第一创新的内容，我们已经谈了很多，接下来我们用一个实际的案例具体说明。说到当代的创业者，既可以称得上是创业哲学家，又可以将第一创新灵活运用的人，当属太空探索技术公司（Space X）CEO 兼 CTO、特斯拉公司 CEO、太阳城公司（SolarCity）董事会主席埃隆·马斯克（Elon Musk）。

如同爱因斯坦逆转了科学研究的路径一样，马斯克也逆转了商业创新的路径。我们习惯于在不同领域中提炼不同的方法论，马斯克并没有沿用这个套路，而是将同一种底层思维运用到所有领域。迄今为止，他的商业实践已经涉及很多领域，所以在常人看来，马斯克是典型的多元化经营，但对他来说，其实一直在做同样的事情，因为将这些事情拆解到最后，我们会发现他用的都是同一种思维方式，即马斯克的第一性原理。

在马斯克的传记中，有一句话非常打动我，这句话来自马斯克的一名下属，他觉得马斯克是一个非常奇怪的人，因为对待任何事情，马斯克都持有一种全然相信的态度。他说只要有目标，就一定能够实现，哪怕暂时还没有想到如何实现的路径。这种思维模式与我们大多数人都不一样，我们习惯于在被给予一个目标之后，首先去衡量目标完成的难度，所以面对相对困难的目标，我们通常从一开始就会失去完成目标的信心。

马斯克这种全然相信的态度因何坚持呢？答案就是他的第一性原理思维方式，更准确地说，就是他的物理学的思维方式。曾经有一个人问马斯克是否相信"上帝"，马斯克的回答是否定的，他说他只相信物理学。从这个问答中，我们不难看出马斯克对物理学的重视。在第一性原理的内容中，我们已经提到，重要学科的重要理论可以作为第一性原理。对马斯克而言，这门重要学科就是物理学，更准确地说，它是物理学中的还原论。

马斯克曾在接受 TED 主持人采访时，阐述了他的"第一性原理"："我们运用第一性原理，不是用比较思维去思考问题，这是非常重要的。我们在生活中总是倾向于比较，别人已经做过或者正在做的事情我们也去做，这样只能产生细小的迭代发展。第一性原理的思想方式是用物理学的角度看待世界，也就是说一层层拨开事物表象看到里面的本质，再从本质一层层往上走。"马斯克在各种采访中并没有提及"还原论"3个字，但他的第一性原理却透露出物理学中"还原论"的意味。

对马斯克而言，只要给他一个目标，他就能实现，他用物理学的还原论作为第一性原理，在他看来，所有目标都可以被拆解为成本问题，并且是以十倍好的方式来解决。我们通常认为十倍好很难，但谷歌 X[1] 的负责人阿斯特罗·泰勒（Astro Teller）有句名言："把一件事做到十倍好，往往比做到 10% 好还要容易一些。"毫无疑问，马斯克同意这个观点，他说你重新发明汽车其实并不比改善汽车性能更难。

接下来，我们用几个案例来展示一下马斯克是如何将这样一个基本原理用同一种方法论，在所有涉足的领域中去创造奇迹的，即基于物理学的还原论，进行组合创新，应用到突破性技术上去，实现了十倍好的结果。

案例 1：马斯克拆解电动汽车电池

特斯拉在早期研究电动汽车时遇到电池成本居高不下的难题。一辆电动汽车至少需要 85 千瓦·时的电池，而当时储能电池的价格是 600 美元/（千瓦·时），这便意味着在每辆特斯拉电动汽车的成本中，电池的成本将超过 5 万美元。如此高昂的电池成本，导致特斯拉第一款电动跑车 Roadster 的整车成本为 12 万美元。这一难题给当时的特斯拉带来了极大的困扰，直至马斯克用上了"还原论"这一有力武器。他是怎么做的呢？

马斯克做的第一步便是还原论的要素拆解。他对电池的材料进行拆分，从元素层面将其拆解为碳、镍、铝、钢等不同材料。

---

[1] 谷歌公司的一个部门，位于美国旧金山。

拆解之后，马斯克发现如果分别从伦敦金属交易所购买这些材料，仅需花费82美元/（千瓦·时）的成本，约为电池总成本的13.7%。换言之，电池成本高昂的直接原因，并不在于原材料，而在于原材料的组合方式。要想有效降低电池成本，就必须改变现有的原材料组合方式。

于是，马斯克的第二步便是寻求新的程序，将电池重新组合。为此，他与松下公司达成合作，采用松下18650钴酸锂电池的电池管理程序，重组特斯拉电动汽车的电池并取得了巨大的成功，一举将电池成本降至当时全行业的最低水平。

所以，我们看到储能电池的价格2008年是600美元/（千瓦·时），2014年降到了350美元/（千瓦·时），2016年降到了190美元/（千瓦·时），有了特斯拉的超级电池工厂以后，储能电池的价格降到了100美元/（千瓦·时）左右，而其中原材料成本只有80美元，让世人为之惊叹。

案例2：马斯克拆解超级隧道

在特斯拉汽车引爆市场之后，马斯克并没有就此止步。我们看看他是如何突发奇想，建成让汽车在地下高速行驶的超级隧道的。

2016年12月，马斯克在洛杉矶遭遇了一次大堵车，于是他在Twitter上发布了一段文字："堵车快把我逼疯了！我要造一台隧道挖掘机，开始挖隧道。"在不到 1 小时的时间里，这个为了解决地面交通拥堵问题的公司正式成立，马斯克将其命名为 The Boring Company（"无聊"公司[1]），主营业务是挖掘地下隧道以缓解地面交通压力。2 小时后，他再次在 Twitter 上发布了一段文字，主题是："我们真的要开始挖隧道了。"

一提起地下隧道，很多人会直接联想到地铁。美国地铁的每千米成本约为 6.25 亿美元。仅看数字可能不太直观，不妨做个简单的换算。从北京到天津的直线距离约为 113.3 千米，按照这一建造成本，就要花费 708.12 亿美元。面对巨大的隧道建造成本压力，马斯克发现，想要做成这件事，最主要的指标是成本。他提出了"十倍好"要素，也就是将地下隧道的成本控制在地铁成本的 10% 以内。为了实现这一目标，马斯克再次用上了"组合创新"。

为了降低成本，马斯克从 4 个层面进行了地下隧道的成本要素拆解。第一，将隧道直径减少 1/2 以上，这意味着实际挖掘面积是地铁隧道的 1/4。第二，让机器在挖掘隧道的同时，也能加固周边的墙壁。这样，整个过程的效率将会提高 1 倍。第三，将挖掘机功率提升 2 倍，也就是将成本再次对半缩减。第四，将挖掘出的废土制成砖块贩售，用创造的收益冲抵成本。

---

[1] "无聊"公司：Boring（无聊）一词在英文中有"钻孔挖洞"的意思。——编者注

"四管"齐下，"无聊"公司的第一条地下隧道已于 2018 年 12 月 18 日正式通车，这条隧道位于美国加利福尼亚州的 Space X 总部，总长为 1.83 千米，当初预估的建造成本是 11 亿美元，而实际的施工成本仅为 1000 万美元，实现了超出预期（十倍好）的百倍好的前期目标。虽然现在对于这种隧道实用性的讨论还在继续，在未来能否被广泛应用也尚未可知，但"无聊"公司从某种程度上确实是通过成本的拆解，做到了其他公司没有做到的事情。

　　案例 3：马斯克拆解运载火箭

　　之后，马斯克将个人的关注点从汽车行业转向航天领域。早在 2002 年，马斯克就已经成立了 Space X，由于当时没有人看好这个行业，所以得不到投资，马斯克只能用自己的钱维持公司的研发与运营。为了尽快地解决资金的问题，马斯克为 Space X 制订了一个计划，并拆解为 3 个阶段。

　　第一阶段的目标是火箭的成功发射。当时使用的推进器是猎鹰 1 号，载重量近 1 吨。之所以制定这个目标，是因为马斯克希望在自己的资金耗尽以前，把火箭送到地外轨道上去，通过实际的成绩证明自己的实力，从而获得第三方融资。

　　第二阶段的主要目标是太空旅行。这时推进器型号已经升级到猎鹰 9 号和重型猎鹰。猎鹰 9 号载重量是猎鹰 1 号的 13 倍，而重型猎鹰是当今世界载重量最大的火箭，载重量近 64 吨。

第三阶段的主要目标是移民火星。这也是马斯克的梦想，目前还未实现。马斯克设想，在这个阶段，主要使用的航天工具应该是移民的运输飞船。

在看这个案例时，我们一定要结合马斯克的初心予以分析。他为什么要成立 Space X 呢？因为他对地球的未来一直忧心忡忡，所以他觉得一定要提前做好人类跨行星转移相关技术的研发。

一开始，马斯克并不想做这件事情，他只想把一个机械温室发射到火星上，然后引起大众的关注，最后让美国航空航天局（NASA）和美国政府来完成这项艰巨而耗时漫长的任务。

马斯克需要一个火箭，把这个机械温室发射到火星上，但当时的 Space X 还不具备独立开发运载火箭的能力，所以马斯克把目光转向了现有的火箭。考虑到美国的火箭价格太高，马斯克想要从俄罗斯购买老旧的火箭，然后由俄罗斯的专业团队将这个机械温室送上太空。最后，俄罗斯的火箭报价也没能让马斯克满意。为了实现自己的梦想，马斯克选择自己独立开发运载火箭。

开始的时候，马斯克的朋友都劝他放弃研发火箭这件事情，毕竟研发火箭的成本太高了，每一次失败都要承担巨额的沉没成本，这不是一家处于创业阶段的民营公司可以承受的。但是马斯克没有听从朋友的劝告，反而开始考虑既然火箭的成本较高，那么可以通过某些方法降低火箭的成本。

马斯克又对火箭进行了拆解，他开始思考制造火箭需要的原料是什么？通过拆解火箭的制作原料，他发现制作火箭的原料包括铝合金、钛、铜和碳纤维，然后计算出这些材料的成本只占火箭全部成本的2%。换句话说，和电动汽车的电池一样，火箭真正的成本不在于原材料，而在于需要搞清楚如何以更有效率、更低廉的成本将原材料组合搭配，从而提升技术水平和系统稳定性。

然后，马斯克对火箭的成本进行了进一步拆解，通过各种渠道的探询，他发现火箭成本之所以居高不下还有一个重要的原因，那就是火箭只能一次性使用。因此，马斯克提出了火箭重复利用的假设。

在他第一次提出这个隐含假设时，大多数人都无法理解，因为在马斯克之前，所有国家和公司在发射火箭时都默认火箭在完成自己的运送使命之后，只有报废这一种结果。从这个角度讲，马斯克提出这个假设充分地说明了他能够站在系统之外看问题，所以他能顺理成章地提出打破群体认知的假设——如果火箭可重复利用，制造、人工等各方面成本自然也能够得到有效的控制（见图5-2）。

现在看来，Space X已经具备独立发射火箭和回收火箭的能力，也就是说，在不到20年的时间里，一家民营公司在火箭技术上已经领先于世界上的很多国家了。其中的关键就在于，马斯克打破了航天领域过去的群体认知，实现了破界创新。

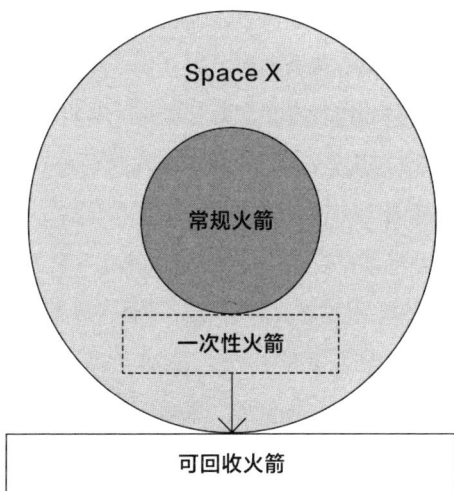

图 5-2　Space X 的破界创新

　　2018 年 10 月 7 日，Space X 用一枚"猎鹰 9 号"运载火箭，成功地将阿根廷的一颗地球观测卫星送入太空，并首次在美国西海岸成功地实现火箭第一级的陆地回收；2019 年 5 月，Space X 又用"猎鹰 9 号"运载火箭将首批 60 颗"星链"（StarLink）卫星送入太空；2020 年，Space X 将成为全球最大的卫星运营商，StarLink 有 180 颗卫星，全球总共有约 5000 颗，StarLink 计划发射总计 1.2 万颗，远远超过过去 60 年全球发射卫星的总和。

虽然现在 Space X 的火箭在成本上还没有实现十倍好，但也做到了将成本控制在同级别火箭的 1/5 左右。随着技术的成熟和提升，这个成本还会继续降低，最终将会实现马斯克十倍好的目标。

案例 4：马斯克拆解火星移民

马斯克的终极梦想是让人类有朝一日能够移居火星，而他自己可以在"火星上退休"。为此，他创立了 Space X，并立下了一个看似疯狂的目标："预计 40~100 年后，让 100 万人移民火星。"

他人眼中的夸张之举，在马斯克看来仅需两件事即可实现。第一件是拥有过人的意志，据马斯克的传记作者阿什利·万斯（Ashlee Vance）在《硅谷钢铁侠：埃隆·马斯克的冒险人生》一书中所述："马斯克的意志无人能比。"

第二件是用适当的方法降低成本。不过要想移民火星，"十倍好"或"百倍好"的标准肯定远远不够，马斯克提出了新的目标——2.5 万倍好。

按照小布什时代的航空计划，如果技术支持，一个人去一趟火星（往返）至少需要花费 100 亿美元，而在 Space X 的火星计划中，单人单程的火星之旅，所需费用仅为 20 万美元左右。

接下来，便是最为关键的要素拆解环节。为了达到 2.5 万倍好的效果，马斯克从诸多层面进行了拆解。

第一，按照小布什时代的火星旅行计划，一次只能送一名太空旅客登陆火星，而马斯克的计划是研发、建造1000艘每架可同时容纳100~200人的火星移民运输机，并在火星离地球最近的时期启航，预计飞行时间30~80天，同时飞船可以重复使用12~15次，这样就能大幅降低成本。

第二，在Space X公司创立之前，世界上所有的运载火箭都是单程的，发射升空后便自行解体，无法循环利用，而Space X公司研发的火箭将能够重复使用100次左右。

第三，马斯克计划在太空轨道附近建设飞船燃料补给站，提升火星移民运输机的续航能力。

第四，在火星基地中制造飞船的返程燃料，将火箭发射时的燃料负载降至1/2，并认为甲烷是一个更好的燃料选择，因为甲烷在火星上制造起来相当容易。

第五，使用高效便携的新燃料。

…………

通过对以上这些要素的拆解，马斯克开始了自己的火星计划。现在看来，马斯克看似疯狂的火星之梦，或许有一天真的能实现。

2020年，Space X通过载人龙飞船（Crew Dragon）将美国宇航局的宇航员送入国际空间站，由此宣告商业载人航天计划的成功。这一壮举改变了长久以来美国对俄罗斯航天飞机的依赖。

马斯克用了 18 年的时间，凭借一家私营企业，完成了世界上大多数国家都无法做到的事情。在这个过程中，他的还原论思考模式依然发挥着重要作用。

在原有的火箭成本拆解的基础上，马斯克进一步拆解了航天器的成本构成，他发现如果直接购买航天器件，昂贵的采购成本是一家私营企业无法承担的。以现有载人飞船搭载的星载计算机和控制器为例，单个控制器的价格为 500 万元，14 个系统加上各自的备份，一共 28 个控制器，总成本达到 1.4 亿元。

为了最大化地控制成本，马斯克选择将工业级的器件进行重新组合，以此匹配宇航级器件的要求。

软件方面，Space X "猎鹰 9 号"和龙飞船用的都是 Intel 双核的 X86 处理器，操作系统用的是 Linux，还有 LabView 和 Matlab；此外，它的软件开发基础语言是 C++，偶尔也用 Python，并且整个主控程序只有几十万行代码。

硬件方面，据 Space X 前航天飞机系统负责人约翰·穆拉托（John Muratore）透露，龙飞船一共有 18 个系统，每个系统配置了 3 块 X86 芯片，一共有 54 块。

通过这种成本拆分的方法，马斯克在 Space X 航天器中使用的计算机和控制器只需要 2.6 万元人民币就可以实现，与传统的宇航级器件成本相比，这个价格只占了后者的 1/5384。

从这些案例中，大家能否体会到基于第一性原理创新的伟大意义。它不是把不同领域里的经验归纳出来，而是从一个抽象的第一性原理出发，通过逻辑思维的拆解，推导出这个系统的基本原理；然后通过打破原有的群体认知，找到一个新的路径，去建立新的更好的系统。换句话说，马斯克的创新并不是我们经常使用的经验归纳的模式，而是基于第一性原理的第一创新，是将同一种思维方式运用于不同的领域。

第一创新的力量

　　为了对埃隆・马斯克进行全面的研究，我看了许多关于他的图书和文章。其中有本书叫《马斯克：世界上最酷的人》，作者是美国著名商业和管理类博客 Wait But Why 的博主蒂姆・厄本（Tim Urban）。厄本受马斯克的委托，拜访了他旗下的主要公司，对马斯克以及他身边的同事做了深度访谈，据此写了 4 篇长篇报道，最终结集成这本记录马斯克商业思维的书。

　　在这 4 篇长篇报道中，有一篇专门介绍了马斯克的学习方法，标题十分有趣，翻译成中文为《厨子与厨神：埃隆・马斯克的独家配方》。作者在文章中写道："大多数人都是厨子，而马斯克是厨神。千万不要小看这一字之差，厨子很多，厨神却难得。厨子和厨神的最大区别是，厨子是菜谱训练出来的，按部就班地做菜；厨神则是不按菜谱做菜的。不按菜谱做菜，就是不甘于照搬前人的做法，不受既有规则的束缚，致力于创新。我原以为我们是正常的，而他是天才。在我研究之后才发现，他是正常的，而我们被遮蔽住了。遮蔽我们的恰恰像那些哲人所说的，是我们的思维方式本身啊！"

这篇文章让我耳目一新，我非常喜欢且赞同厄本在文中援引马斯克的一段话："我认为普通人的思维方式被传统和过去的经验束缚太多了。人们几乎不从第一性原理的基础上思考任何问题。他们会说'我们会这么做，因为我们过去都是这么做的'，或者'没人这么做，所以这么做肯定不对'。但是，这么想真是太荒谬了。你需要从零开始建立你的逻辑推理，物理学上，我们叫'从第一性原理开始思考'。你从基础概念开始，然后从那里开始建立你的逻辑推理，最后再看你的结论到底成不成立。你的结论和其他人过去得出的结论可能一致，也可能不一致。"

创造性思维是时下十分热门的话题，在我看来，创造性思维和第一性原理可以算是一个硬币的两面。在很多人看来，创造力是人无我有的某种天赋，事实上，创造性思维和第一性原理一样，都是每个人与生俱来的本能，只是大多数人的这种本能被后天的知识和教育遮蔽了。厄本在文章中对这一现象进行了详细而生动的描述，具体如下。

我们的父母和老师教会我们各种事情：是非和黑白、安全和危险，以及你应该做什么样的人而不应该做什么样的人。宗旨就是：我是大人，我走过的桥比你走过的路都多，没有商量的余地；也不要争辩，听我的就对了。小孩这时候就会开启我们熟悉的"十万个为什么"模式（马斯克称之为"连锁为什么"）。

小孩的天性不只是想知道什么可以做、什么不能做，还想弄明白他（她）的生活环境的规则。要想弄明白一件事，你就要了解这件事是怎么形成的。当家长和老师只是简单、粗暴地告诉小孩去做1、2、3，只要听话就好了，就好像是给小孩的脑袋里安装一个已经设计好的软件。当小孩问为什么、为什么、为什么的时候，他们是在尝试解析这个软件，看看它是怎么构成的——想弄清楚底层的第一性原理是什么，这样他们才能决定到底应不应该把这些大人看起来十分坚定的事情当回事儿。

孩子最早开启"十万个为什么"模式时，家长还觉得孩子挺可爱的。但是很多家长和老师很快就找到了一种快速结束游戏的方法：因为我说是这样的，所以就是这样的。这种方法就像是在孩子的解析欲望上铺上了水泥地板，再多的"为什么"也钻不过去了。

你看，埃隆·马斯克的那种思维方式原本每个人都有，但正如上文中所述的那样，被正常的知识和教育给遮蔽了。马斯克的独到之处在于，他并没有过多地受到传统教育模式的束缚，而是坚守自己第一性原理式的创造性思维。

再来看看马斯克的学习方式，你会发现它同样与传统的教育理念背道而驰。传统的教育观点认为，一个人的时间和精力都十分有限，应当集中精力去学习某一具体领域的东西。马斯克却恰恰相反，他的学习经历跨越了许多学科，包括火箭科学、工程学、物理学、人工智能、太阳能发电和能源等领域。我将这种学习方式称为"迁移式学习"，即把在一个环境中学到的知识应用到另一个环境中，既可以把在学校或一本书中学到的原理应用于真实世界，也可以把从某一个行业中所学的东西应用于另一行业。

马斯克认为，迁移式学习首先应将知识拆解为基本原理，把知识看作一棵语义树很重要。深入细节或枝叶前，保证你可以理解基本原理，也就是主干和大分支，否则细节和树叶就没有可依附的东西。其次，在新领域中重构基本原理，然后在其上悬挂细节。把从一个领域学习到的内容应用到另一个领域，就是将学习到的人工智能、技术、物理和工程学等基本原理在不同领域重构。

我们在前文介绍归纳法时说过，归纳法的一大问题，就是你很难将在一个领域里获得的成功迁移到另外一个领域。由此看来，马斯克的学习方式并非归纳法，而是演绎法，是第一性原理式的思维方式，他不过是将同一种思维方式运用到不同的领域罢了。他在诸多领域内取得的创新，归根结底都是基于第一性原理的创新，也就是本章的主题——第一创新。

马斯克在互联网界创办了在线金融服务和电子邮件支付业务公司 PayPal；在能源界，他收购了发展家用光伏发电项目的 SolarCity 公司；在汽车界，他投资了特斯拉公司并领导了 A 轮融资；在航天界，他创办了 Space X 公司；在交通界，提出了"超级高铁"的理念和计划；在科技界，他与其他硅谷大亨进行连续对话后，决定共同创建 OpenAI，旨在推动人工智能发挥积极的作用；在脑科学界，他创办了 Neuralink 公司，研究对象为"脑机接口"技术；在太空界，他则时刻准备着移民火星。

如果你看到身边的任何一个人，尝试进军如此多的领域，你一定会说这个人疯了，但为什么马斯克却能将目标一一实现？原因很简单，这种思维方式于他人而言是多学科、跨领域，但由于马斯克在每个领域中都深深扎根于第一性原理，这些看似风马牛不相及的领域和学科，对他而言只是同一件事情而已。

说到这里，我想起了李志刚和张一鸣之间的一次对话。李志刚说"你们做多元化"，张一鸣说："你觉得我们多元吗？我觉得我们挺专注的，它们是一个东西。""外界看字节跳动是 App 工厂，自然是多元化的，所以我也是这么回答的。"但张一鸣却说他们做的始终是同一件事情，事实上也确实如此。当你把一件事情深挖到最基础的根源时，你会发现所有具象的东西对你而言都是同样的事情。

从在线支付、能源和电动汽车等行业出发，埃隆·马斯克在创造了伟大的成功之后，逐渐意识到了物理学中的"还原论"对自己思维方式的影响，以及为自己带来的助力，最后回归初心，把第一创新的方法应用于自己的梦想。

　　大家不妨反思一下，将马斯克的学习方式与自己的学习方式对比一下，看看差距到底有多大？你一直用的是归纳法式的学习方式，还是那种第一性原理式的学习方式？我希望大家都能深刻地记住厄本的那句话："我原以为我们是正常的，而他是天才，在我研究之后才发现，他是正常的，而我们被遮蔽了，遮蔽我们的恰恰像那些哲人所说的，是我们的思维方式本身啊！"这句话非常令人警醒，我希望你能牢记于心。

源自使命的动机

看到这里我们不禁要问，埃隆·马斯克为什么要做这些事情？如果从更深的层次分析，马斯克的创业行为实际上是源自他的使命感，换句话说，他一生的事业几乎都是他使命的副产品。

马斯克说过这样一句话："我一直有一种危机感，很想找出生命的意义何在，万物存在的目的是什么。"然后，他列了一份清单，写出他认为对整个人类有贡献的事情，但他完全不是从自己的角度出发去思考，而是从整个社会的范围去思考，这份清单中包括互联网、可再生能源、太空探索，尤其是在地球之外生命可以长期存在的形式，如人工智能和重组人类基因。

这是他在大学时期拟定的清单，我相信很多人曾经在大学都做过自己的人生规划，但几乎不会有人从影响人类的角度去思考自己未来的出路。更令人惊讶的是，这份清单不仅仅是一个空想，马斯克后来的所有创业行为，都是在这份清单的指导下完成的。

更令人震撼的是，马斯克的所有努力，包括特斯拉、Space X 等，都是为了一个更大的使命在做准备——移民火星。

在马斯克的人生中有这样一个段落：1999 年，他卖掉 Zip2，从中获利 2200 万美元；2002 年卖掉 PayPal，从中获利 1.65 亿美元。2002 年，刚刚 31 岁的他积累了惊人的财富，这时的他开始规划之后要做什么。在一般情况下，大多数人会选择两种方式：要么再创业，要么去做投资公司。但他发现，在他的人生列表中，并没有再做另外一家互联网公司的打算，而是继续聚焦在改变人类未来的使命上，所以他决定投入大把的时间和资金去实现自己的使命。他说："就我个人而言，让人类成为跨行星物种是我积累财富的唯一目的。除此以外，赚钱对我来说没有太大意义。"

无论是将马斯克定位为一个理想主义者还是疯子，大多数人对他的使命既不理解，也不认同。但是，马斯克这种使命感的诞生并不是没有根源的，在已知的地球历史中，每隔 6200 万年左右，都会出现一次物种大毁灭（见图 5-3 ）。

远古时代的生物绝大部分已经灭绝了，而人类自进化到目前只有 20 万年的历史，但并没有充分的证据表明，在未来的 5000 万年内，不会出现物种大灭绝事件。这种人类物种的危机感促使马斯克树立了帮助人类移民火星的目标。他计划到

2070 年，在火星上建立能容纳 100 万人的城市，那一年他将
99 岁，他希望最终能在火星上开始退休生活。

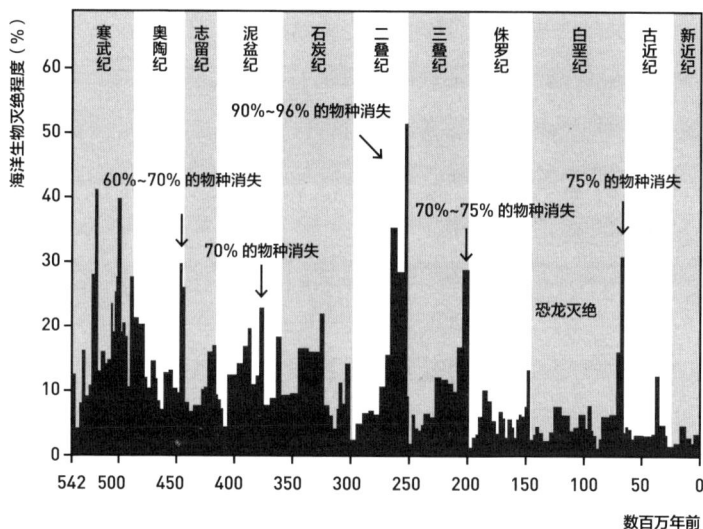

图 5-3　地球上的物种灭绝史

　　关于自己的使命感，马斯克是这样阐述的："我认为美和
激励人心的价值被大大低估了，我不想成为谁的救世主，我只
是想要想象未来，不要太失望，把自己想象的未来亲手创造
出来。"作为企业家、创业者和创新者，什么时候我们也敢于

梦想、敢于直面重大问题，并且不抱怨、不犹豫，亲自动手解决问题的时候，我们的心胸才能宽广，才能真正地引领这个世界。

事实上，坚守使命的马斯克，他的内心有一种极度的孤独感。马斯克说过，实现任何大目标都可以分为两步走，第一步就是"意志"。敢于梦想大目标，并实现它，其实是极度孤独的，需要极大的意志力，因为在实现目标之前，由于目标的"不切实际"，没有人会相信你，也没有人会支持你。

2006 年，马斯克卖掉 PayPal 以后，拿出 630 万美元投资了特斯拉，将剩下的 1 亿美元投资创立了 Space X。在其他行业，1 亿美元已经是一笔巨额的投资，但对于火箭的研发和制作来说，这笔巨资就是杯水车薪。以实际数据说明，这笔钱只够支撑 Space X 发射 4 次火箭，而根据以往的数据，一个国家开始研发火箭，前 10 次几乎不存在成功的可能性。想要利用 4 次机会实现成功的发射，并且是难度极大的可重复利用的火箭的发射，几乎没有人认为马斯克会成功。

果不其然，2006 年第一次火箭发射失败了，2007 年第二次火箭发射失败了，2008 年第三次火箭发射失败了，这时，Space X 剩下的资金只能支撑最后一次发射。如果第四次火箭发射失败，Space X 以及特斯拉将会成为历史中著名的失败者案例。但马斯克并不在乎外界的评价，第三次火箭发射失败以后，他积极检查原因，在 3 个月后就发射了第四次。我不知道是他的意志还是他的方法论发挥了作用，在 2008 年 9 月

28 日的第四次火箭发射终于成功了。当年适逢经济危机，除了 Space X 的捉襟见肘，特斯拉的资金链也不容乐观，在这种人生至暗时刻，马斯克迈出了实现梦想的一步。

美国神话学大师约瑟夫·坎贝尔（Joseph Campbell）在《千面英雄》一书中，把英雄一生的经历划分为 3 个阶段，分别是启程、启蒙和回归，这个过程被称为"英雄之旅"。如果从整体的角度回顾马斯克的创业历程，我们会发现其实马斯克的创业过程就是一次"英雄之旅"（见图 5-4），即从启程到启蒙，再到获得一些力量的回归。当他回归到人类中的时候，不管人类怎么对待他，他对人类都充满了爱，而且是一种无条件的爱，就像他把 Space X 的海上火箭回收平台命名为"Of Course I Still Love You"（我当然还爱着你）一样。

马斯克的创业经历告诉我们，我们原本都有这么大的梦想，但是我们被罩上了一层玻璃。我们原以为我们是正常的，他是天才，但最终我们发现，他和我们一样，只不过我们被认知边界束缚了。

所以，我们应该敢于敲碎每一个人的玻璃罩子，敲碎每一个生命的局限性，敢于去碰触那些大问题和本质问题，敢于在无限的思维张力中去呈现生命的无限精彩。我想这是马斯克于我们、于这个时代的启示，而这种意义已经远远超越了商业。

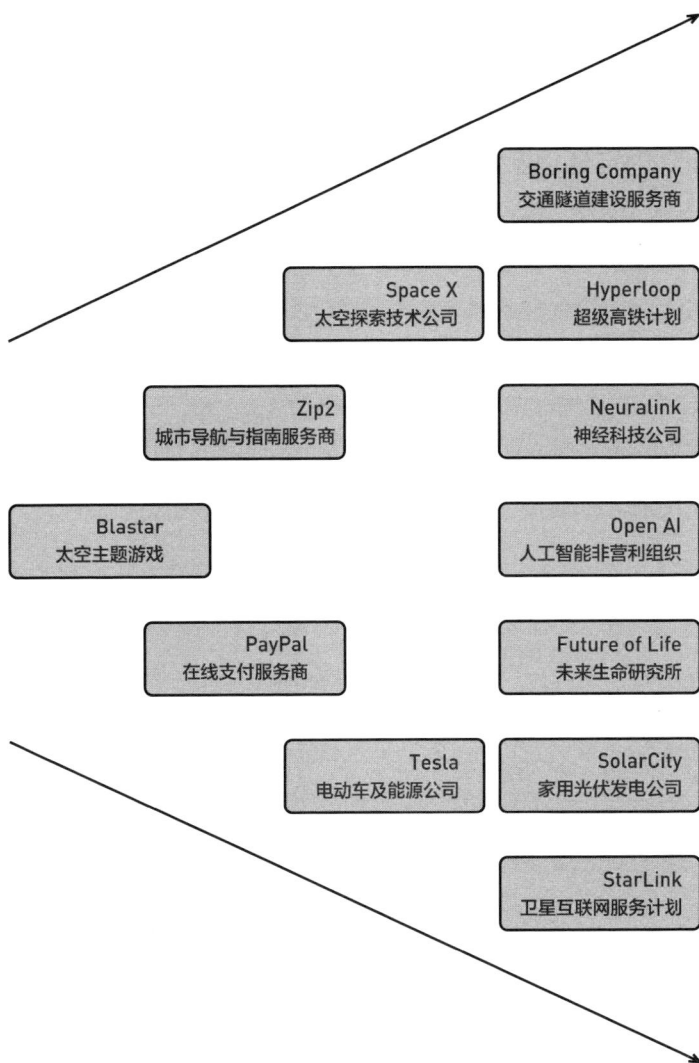

图 5-4　马斯克的"英雄之旅"

章
六

万物至理：宇宙的终极密码

若将整个宇宙当作一个系统，那么这个系统也有它的第一性原理，科学家们把它称为"万物至理"。爱因斯坦推导相对论的过程，就是他打破物理学的隐含假设，建立全新基石假设，不断探寻万物至理的过程。

前面我们讲到了第一性原理在商业领域中的应用，本章我们将重点阐释第一性原理在科学领域中的应用，我称之为"万物至理"。我一直认为，世界上最聪明的一批人是理论物理学家。而在这个世界上的顶级物理学家几乎都有同一个信仰，他们相信在宇宙中存在一个"终极理论"，它是一个极简方程，这个方程能统一所有的理论。它就像是一把终极钥匙，能够帮助我们从根源处找到宇宙中所有未解之谜的答案。这个伟大的方程，有人称它为"大一统理论"（Great Unification Theoies），但我认为"万物至理"（Theory of Everything）这个描述更加贴切。

洞见公理比推导更加困难

2014 年，一部以斯蒂芬·威廉·霍金（Stephen William Hawking）青年时期的经历为蓝本的电影在美国上映，引起了社会各界的广泛关注。在中国，这部电影的名字被翻译成《霍金：爱的方程式》《爱的万物论》《少年霍金》等，实际上，这部电影的名字是 *The Theory of Everything*，直译就是"万物理论"或"万物至理"。

我相信大多数人并不理解为什么一部爱情片要用一个如此生硬和学术的名词来命名，但在我看来，用这种物理学家孜孜以求的真理作为标题，恰好能够充分展示霍金的伟大。实际上，现在世界上顶级的理论物理学家正在研究的主线就是万物至理，如牛顿的经典力学、爱因斯坦的相对论、量子力学、超弦理论等，都是科学家为找到万物至理而进行的研究过程。

接下来，我们将通过讲述爱因斯坦的故事，理解科学研究是探寻万物至理的过程，去深刻感受它的魅力。爱因斯坦在其人生最后的 30 年里，一直致力于追寻万物至理。万物至理的大前提是更根基的第一性原理，即如果你把整个宇宙当作一个系统，那么这个系统也有它根基的第一性原理，科学家把它称为"万物至理"。

事实上，追求万物至理的目标、研究理论的工作，与我们前面提到的公理化思维完全一样。爱因斯坦认为，理论家的工作可分为两步，首先是发现公理，其次是从公理出发推出结论。当有人询问爱因斯坦发现公理和从公理推出结论哪一步更难时，爱因斯坦认为，第二步从公理出发去推导结论，只要勤奋和聪明就一定能够成功，而第一步发现公理有完全不同的性质。言外之意，发现公理更难。

从哲科思维的演绎法出发找到作为系统根基的公理，是一个与逻辑推导能力完全不同的概念。因为在演绎法的单向性法则约束下，身处系统内部，我们可以基于直接给定的公理使用逻辑推导的方式得到系统中的所有命题，但我们并不能从系统的命题中倒推出在系统之外的第一性原理，除非我们可以跳出自身所处的系统，从外部视角进行分析。

既然公理或第一性原理并不是逻辑推导出来的，那么它从何而来呢？实际上，在找到系统根基公理的这个过程中，迄今为止也没有科学家或哲学家能够总结出一些行之有效的具体方法论，即使能力突出、经验丰富的科学家也只能根据自己的经验去不断地假设，然后持续地试错，直至定位到准确的第一性原理。

理念世界与思想实验

　　爱因斯坦是如何发现公理的呢？在这方面，他有两种非常独特的方法论，首先来说第一种，我们称之为"定律中的定律"。

　　一般来讲，科学的研究和发展都建构在第一性原理的基础之上。在一般情况下，普通的科学家都会致力于研究学科内部的学问，却不会去研究作为学科基础的第一性原理，因为对他们来说，第一性原理的存在就是一个直接给定的前提假设。

　　然而，真正顶级的科学家、思想家和哲学家，他们所研究的主要内容就是学科系统之下作为基础的第一性原理，而深挖基础后，爱因斯坦发现，几乎所有从实验室中总结出来的物理学规律（第一性原理），归根结底都需要满足某些固定的定理，这些也被称为"定律中的定律"，比如要满足对称性、能量守恒定律和某种最小作用量原理等。

　　这些定理并不存在于某个物理学的细分系统中，而是作为整个物理学的学科基础存在的。爱因斯坦发现这件事情之后如获至宝，认为这些规律就是发现公理的前提。在这种思维的指导下，爱因斯坦顺利地以一些定律中的定律为前提，成功地推导出相对论相关的理论。

我们再来探讨一下爱因斯坦在发现公理方面的第二个方法论，这个方法其实是很多伟大的理论物理学家公认的有效途径，我们称之为"思想实验"。简单来说，思想实验就是在大脑中进行纯逻辑的推演。

关于思想实验，德国的传记作家阿尔布雷希特·弗尔辛（Albrecht Foelsing）在《爱因斯坦传》中，用一句非常有趣的话描述了爱因斯坦的思维实验方法："凭借想象中的飞跃，而不是基于对实验数据的归纳。"爱因斯坦通过思想实验洞悉了伟大的原理，所以他的家人都知道，如果他坐在某个地方发呆时，一定不能去打扰他。因为在那个时刻，也许他的思维正在一个像宇宙一样广阔的实验场中进行一项伟大的实验。

究竟是一种什么样的力量在帮助我们找到位于元起点的公理？也许是好奇心，也许是求知欲。一般来讲，大多数人只会对那些自己有利的事物感兴趣，而公理往往是以不可见或容易被忽略的形式出现，比如学科系统中的前提假设，以及已经在公众心智中形成群体认知的理念。所以，我们常常满足于直接给定的公理化假设，很少去质疑或进一步探询。伟大的哲学家康德说过，所谓哲学，"起始于对所谓自明的问题的追问"。顶级科学家从来都不缺少"盘根问底"的好奇心与求知欲，对于我们司空见惯的基础假设，他们会进一步研究，从这个角度来讲，好奇心是一个人所能拥有的最宝贵的财富。

除了好奇心，元起点的定位还要依靠人们的想象力。爱因斯坦曾经说："想象力比知识重要得多。"知识是给定的内容，而想象力是突破已知的重要力量。所以，伟大的科学家从来都不会是所谓的"书呆子"。比如爱因斯坦，除了研究物理学，他还有很多独特的个人爱好，如演奏小提琴、划船等。在这些娱乐和运动的过程中，人类的思维会得到活化，想象力也会随之发挥。

大多数人对爱因斯坦的第一印象来自中学的课本，在课本的描述和插画的展示中，爱因斯坦提出了狭义相对论和广义相对论，是现代物理学的奠基人之一，是一位伟大的科学家、物理学家。爱因斯坦的伟大不仅是因为他提出了一个伟大的理论，还因为他从根本上改变了科学研究人员的实际工作方法，将科学研究引入一个新的哲科时代。

从研究方法来讲，爱因斯坦的贡献毫不逊色于哥白尼提出的日心说所带来的思想革命。以他为分水岭，物理学家探索世界的方式发生了根本性的改变。在过去，大多数科学家进行研究的宗旨是"实践出真知"。首先，去实验室里进行实验；然后，观察结果，如果有某个结果重复出现，并且其他人也可以通过同样的实验步骤独立验证出同样的结果，那么科学家就可以从中找到某种规律；最后，进行分析和总结，将规律转变为成熟的理论。实际上，这种基于归纳法思维的研究方式，在今天依旧是很多普通科学家最常用的方法。

从理论的角度解读爱因斯坦找到万物至理的过程显然有些苍白，所以接下来，我们从爱因斯坦推导出狭义相对论的实际过程来分析。

对牛顿力学体系的质疑

在爱因斯坦之前，牛顿的经典力学从 1687 年一直到 20 世纪初都是物理学的根基。在这段时间里，所有物理学家都是在牛顿建立的经典力学这个第一性原理的基础上进行研究，然后填充物理学的内容。

在沃尔特·艾萨克森（Walter Isaacson）所著的《爱因斯坦传》中，记载着这样一个故事：19 世纪的最后一天，欧洲的顶级物理学家汇聚一堂，其中最受人尊敬的被称为"开尔文[1] 勋爵"的英国物理学家威廉·汤姆逊（William Thomson）讲了一句话："物理学的大厦已经落成，剩下的就是一些装修装饰工作而已。"从当时的时代背景来看，汤姆逊会产生这种认知并不奇怪，因为经典物理学确实在牛顿经典力学的基础上，形成了相对完整的系统。但他没有想到的是，经典物理学走到尽头之后，还

---

[1] 为热力学温标或称绝对温标，是国际单位制中的温度单位。

有理论物理学的崛起。

汤姆逊的话言犹在耳，仅仅5年之后，26岁的爱因斯坦便横空出世。当时，他不过是瑞士专利局的一个三等技师，但是那一年他一共发表了6篇论文，其中有4篇被誉为"天神级"论文。通俗地讲，这4篇论文中的任意一篇都有获得诺贝尔物理学奖的潜力。正是这些论文开启了物理学研究的新时代，因此，学术界又把1905年称为"爱因斯坦奇迹年"。

虽然关于那一年爱因斯坦所创造的成就，很多资料中都有详细的记录，但是从目前来看，关于爱因斯坦如何创造出这些奇迹般的理论的具体过程，我们能够了解到的事情还是凤毛麟角，但这并不妨碍我们用破界创新的方法分析爱因斯坦创造狭义相对论的具体过程。

在爱因斯坦之前，物理学经历了两次伟大的统一：第一次是牛顿统一了天上和地上的引力；第二次是麦克斯韦统一了电力、磁力和光。

在经典力学被创造出来之前，人们对于事物运动的认知主要受到亚里士多德的理论的影响。他认为天上星体运动的规律和地球上物体运动的规律是不同的，亚里士多德把这两种运动方式分别命名为"月上世界"和"月下世界"[1]。一直到牛顿创

---

[1] 在亚里士多德的模型里，我们的世界分为月下世界和月上世界。月下世界是短暂的、会腐朽的，由4种元素构成；月上世界则由透明的以太组成，是完美的、永恒的。

立经典力学系统，地外的行星运动规律和地球上的物体运动规律才得以统一。简单来说，经典力学系统既可以解释地球为什么绕着太阳转，也可以解释为什么苹果会掉到你的头上。

美国的畅销书作家詹姆斯·格雷克（James Gleick）在《牛顿传》中曾经这样评价他的经典力学体系，他说牛顿把天上和地上打通的难度不亚于今天的科学家把量子力学和相对论打通的难度。而截至今天，量子力学与相对论也没有完全被打通。所以，牛顿当年以一己之力通过引力找到了经典力学的万物至理，不可谓不伟大。

除了牛顿，另外一个实现了物理学分支系统统一的人是英国的物理学家詹姆斯·克拉克·麦克斯韦（James Clerk Maxwell）。与牛顿的贡献不相上下，麦克斯韦创立了经典电动力学，用电磁场理论将电学、磁学和光学统一起来，他用一组极简的方程将看不见的电力、磁力和光全部推导出来。如果没有麦克斯韦方程组，今天的电力学以及一切与电相关的事物可能都不会出现或者会推迟出现。

从物理学的整体系统出发，在爱因斯坦之前，这个物理学系统的万物至理实际上就是牛顿的经典力学和麦克斯韦的经典电动力学，而这两个定理也是爱因斯坦所要打破的隐含假设。在实际工作中，打破隐含假设，首先要判断原有的系统是否逻辑失洽。

爱因斯坦的传奇经历起始于他发现了一件事情，在物理学系统中，牛顿统一了天上与地上的引力，而麦克斯韦统一了电力、磁力和光，但爱因斯坦发现牛顿和麦克斯韦的理论并不能相互验证。换句话说，麦克斯韦方程组和牛顿力学之间存在逻辑失洽的现象，这种问题的出现致使爱因斯坦开始质疑牛顿力学，并促发了狭义相对论的萌芽。

其实，爱因斯坦并不是第一个发现这个问题的物理学家，但其他大多数发现这个问题的科学家都认为力学和磁学实际上分属两个不同的系统，所以出现逻辑失洽属于正常现象。作为拥有成为顶级物理学家潜力的人，爱因斯坦从一开始就认为无论是引力、电力还是磁力，从本质上讲，它们都属于自然世界中的某个系统，所以这两个理论之间应该有某种更根基层次的逻辑自洽。

在《爱因斯坦传》中，有这样一句话描述了爱因斯坦在发现这种逻辑谬误之后的个人感受："这些冲突使爱因斯坦精神紧张，坐卧不安。"当时的爱因斯坦不过是一个刚刚步入物理学殿堂的年轻人，他会因为两个宗师级人物的理论逻辑相悖而产生危机感。由此可以看出，爱因斯坦在物理学领域中有所谓的天才性的敏感。这就是爱因斯坦打破隐含假设的第一步。

两个全新的基石假设

在对原有的物理学系统产生怀疑之后，爱因斯坦开始考虑第二步：如何树立新的基石假设。难以想象的绝妙之处在于，爱因斯坦的狭义相对论建立在两个新的基石假设之上：第一个基石假设是相对性原理，第二个基石假设是光速不变。在这两个基石假设的基础上，爱因斯坦成功地推导出了伟大的狭义相对论，从这个角度来讲，相对性原理与光速不变原理是狭义相对论这座桥梁的两个根基。

爱因斯坦提出的第一个基石假设是相对性原理[1]，他认为，所有自然规律在同一惯性参考系[2]中都保持不变，这就是狭义

---

[1] 一切物理定律（力学定律、电磁学定律以及其他相互作用的动力学定律）在所有惯性参考系（惯性系）中都是等价（平权）的，没有一个惯性系具有优越地位，不存在绝对静止的参考系。

[2] 牛顿运动定律在其中有效的参考系，且 $a=0$，被称为惯性坐标系，简称惯性系。简单来讲，就是静止或直线匀速运动的参考系。

相对性原理。该原理强调的是一种等价性，简单来讲，就是物理定律（或物理公式）在不同参考系下是不变的。

第二个基石假设光速不变[1]起始于爱因斯坦独特的思想实验。爱因斯坦曾在年轻时设想，如果用光速去运动，或者说以人力去追一束光会怎么样呢？虽然从字面上看，这就像是一个小孩子的白日梦，但正是这个幼稚的问题让爱因斯坦发现了牛顿经典力学体系和麦克斯韦经典电动力学体系之间的逻辑失洽。

在经典力学体系中，假如我们开着一辆小汽车去追赶一辆火车，当我们的速度与火车的速度相同时，火车与我们是相对静止的。从这个逻辑出发，如果我们去追赶光，当我们的速度与光速一致时，我们应该可以看到静止的光或者电磁波。

但是在电动力学体系中，根据麦克斯韦方程组，无论我们是否可以达到光速，光自身的速度始终是不变的，即使我们追上了光，光也不会是静止的。牛顿经典力学与麦克斯韦电动力学在此处发生了逻辑失洽。爱因斯坦也是从这个问题开始思考，历经数年，无论学到什么学科或者看到什么书的时候，他都会思考这个问题。直到有一天，爱因斯坦突然灵感迸发，得出了他的第二个基石假设——光速不变。

说到这里，很多人可能会心存疑惑，光速不变的理论在麦

---

[1] 在狭义相对论中，无论在何种惯性系（惯性参考系）中观察，光在真空中的传播速度都是一个常数，不随光源和观察者所在参考系的相对运动而改变。

克斯韦的经典电动力学中不是已经提出了吗？从物理现象这个角度来说确实如此，但爱因斯坦并不是发现了某种物理现象，而是注意到了光速不变原理的公理性质。对麦克斯韦来说，光速不变原理其实就是一个"光速 $=C$"的数学公式，他可以应用这种定理进行电动力学方面的相关运算，但没有注意到这个定理的根基意义。而爱因斯坦是第一个发现了光速不变是物理学的第一性原理，也是所有物理学现象的绝对参考系的人。对我们而言，一句貌似正确的废话，对爱因斯坦而言，却是一场伟大的推演的开始。

从这个角度来讲，光速不变假设之于爱因斯坦，就如同惯性假设[1]之于牛顿，都是人类精神最伟大的成就。在《爱因斯坦传》中，有一段特别优美的文字描述了爱因斯坦发现光速不变这个公理："爱因斯坦顿悟了光速不变重要性的那一刻，就好像宇宙中有一束光射中了爱因斯坦，也射中了我们整个宇宙。"所以，物理学以及一切以物理学为基础的学科或知识，能够在今天这个时代发展到现在的高度，至少有一半要归功于爱因斯坦当时获得的灵感。

与其说爱因斯坦是一位科学家，不如说他是一位自然哲学家，因为他根本既不需要实验，也不需要助手，只要自己一个人通过大脑的推演就可以进行思维实验。

---

[1] 首次提出惯性原理的并不是牛顿，而是意大利的天文学家、力学家伽利略，这个理论的提出最早被用来捍卫哥白尼的日心说。

推导出的狭义相对论

在明确了两种基石假设之后，爱因斯坦在相对性原理和光速不变原理的基础上进行了逻辑的推导。物理学定律在任何惯性参考系下都成立的假设和光速始终不变的假设结合在一起推导出了一个结论——光速不变在任何惯性参考系下都成立。也就是说，对任何以匀速直线运动的人来讲，光速永远不变。处在匀速直线运动的事物，不管运动速度有多快，对这个事物而言，光永远是以光速运动的。

虽然爱因斯坦推导出了这个结论，但他很快就发现这个结论中依然存在无法解释的问题。不同于常人会因为发现谬误或矛盾而产生苦恼和郁闷的心态，爱因斯坦面对理论中的谬误反而持一种积极的心态，因为在他看来，只有发现问题，才能通过解决问题推动学科向前发展。

这个谬误究竟是什么呢？在牛顿的经典力学体系中，他相信绝对时间[1]，认为时间就像河流一样，与任何物体和空间无关，是运动的绝对参考系。什么是运动的绝对参考系呢？我们可以用速度方程说明这个问题。

$$\text{速度} = \frac{\text{距离}}{\text{时间}}$$

在这个方程中，速度是时间的函数，时间是自变量，而速度是因变量[2]。换句话说，任何物体运动的速度是时间的函数推导出来的结果。时间是绝对参考系，是第一性原理，所有其他的物理运动量要从时间上推导出来。

如果我们按照这个方程去计算光的运动速度，那么光的运动速度也应该等于光运动的距离除以光运动的时间。但爱因斯坦已经确认了光速不变这个基石假设，从这个角度来讲，光速才应该是绝对参考系，所以佯谬[3]就出现了，即快速运动的人、慢速运动的人和静止的人，测量的光速都一样。与光速同向的

---

[1] 在牛顿的时空观中，时间是绝对的，与任何特殊的参考系无关，静止安放在不同惯性系中的时钟，对同一运动过程的计时结果是相同的。

[2] 任何一个系统（或模型）都是由各种变量构成的，当分析这些系统（或模型）时，可以选择研究其中一些变量对另一些变量的影响，那么选择的这些变量被称为自变量，而被影响的量被称为因变量。

[3] 佯谬指的是基于一个理论的命题，推出了一个与事实不符的结果。它在科学中是普遍存在的，但又区别于悖论这种逻辑矛盾。

人、与光速反向的人，测量的光速都一样。

为了解决这个问题，爱因斯坦用哲学推导的方式发现，如果在光速运动的情况下，时间不再是绝对参考系，光速不变才是绝对参考系。在光速运动的环境下，时间的地位从绝对参考系降级为"相对时间"，而时间也应该建构在光速不变的基础之上。在这个理论的支撑下，爱因斯坦提出了一个新的公式，即

$$时间 = \frac{光运动的距离}{光速}$$

在这个方程中，时间是光的函数，光速变成那个绝对不变的参考系，时间变成相对可变的因变量。

实际上，这个佯谬的出现是爱因斯坦打破经典力学原有系统边界的契机。这个佯谬的实质问题是，光速和时间，哪个是绝对参考系？在牛顿的经典物理世界："绝对时间"就像河流一样，与任何物质和空间无关，是运动的绝对参考系。经典物理学确立了绝对时间的隐含假设，时间是绝对不变的，而其他所有物理定律要从时间这个绝对参考系中推导出来。爱因斯坦通过刚才的佯谬，发现了时间并不是绝对的参考系，经典物理学系统的边界由此被打破。

打破原有系统的边界之后，爱因斯坦又建立了新的隐含假设，他认为光速不变才是真正的第一性原理。在这个基石假设之上，如果快速运动的人和静止的人测量的光速都一样，那么

解决佯谬的办法似乎只有一个，对于快速运动的人来说，时间变慢了。如果这个物体可以达到光速运动，对这个物体来讲，时间应该是相对静止的。实际上，这才是狭义相对论的内涵（见图6-1），但这也是在现实世界中无论如何都很难被接受的结论。

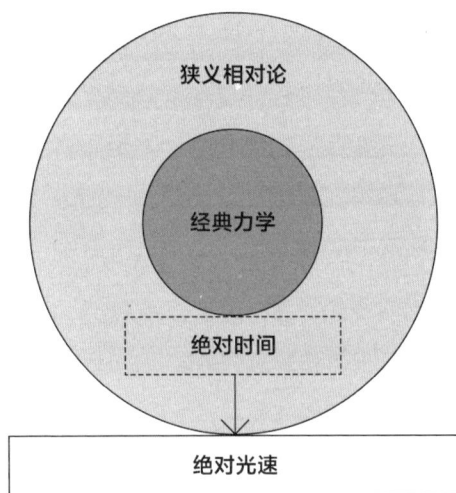

图6-1 从绝对时间升级为绝对光速

爱因斯坦没有看到任何实验证据，而是单纯地从理论上看到了绝对时间的隐含假设存在问题，然后纯逻辑地提出了新的隐含假设，最后以这个基石假设为根基，推导出了整个狭义相对论。

用理论定义现实

在生活和工作中，我们经常会遇到类似的问题：当逻辑和实践相矛盾时，你相信谁？我相信绝大多数人会说选择相信眼见为实，因为实践是检验真理的唯一标准。但是爱因斯坦的经历告诉我们，如果逻辑与现实相矛盾，那就改变现实吧。所以，在没有任何证据的情况下，爱因斯坦的狭义相对论"悍然"宣布：时间的"绝对地位"被下移了，时间变成相对的，而光速才是运动的绝对参考系，光速不变是"一"。

虽然在当时受到科技水平的限制，爱因斯坦的理论无法通过科学实验被证明，但是现在，在先进的科技设备的支持下，我们通过对宇宙中天体运动的观测，已经证明了爱因斯坦狭义相对论的正确性，甚至有很多艺术作品，都开始以爱因斯坦的相对论理论为基础去塑造未来的时空旅行场景。

2014 年，由英国著名的导演克里斯托弗·诺兰（Christopher Nolan）执导的电影《星际穿越》在全球上映，影片讲述了一支科学探险队利用发现的虫洞进行时空穿越的故事。男主角是探险队中的一名宇航员，在进行星际穿越之前，他的女儿还是一个孩子。因为他们以光速运动的形式穿越了虫洞，所以对他们来说，时间是相对静止的，但他的女儿生活在地球上，在正常流速的时间之下。所以当他穿越回来，发现虽然他的容貌并没有明显的变化，但他的女儿已经变成了一位风烛残年的老者。虽然在这部电影中存在一些在科学家看来并不严谨的科学细节，但这个故事的主线充分地说明了爱因斯坦的狭义相对论。

　　从形式上讲，狭义相对论在提出之时还是一个假设理论，但后人用实际的证据和实验的结果证明了这种假设的正确性。换句话说，爱因斯坦是在不具备相对论理念诞生基础的时代，仅凭思想实验和纯逻辑推理，在没有通过观测实证的情况下，推翻了牛顿的绝对时空说，提出了超前的理论。

　　美国的科学哲学家托马斯·库恩（Thomas S. Kuhn）在其著作《科学革命的结构》中曾经说："一般人认为'新发现'是科学的标志，但几乎所有的科学革命都不是新发现的革命，而是概念的革命。"用超前的理念来重新定义已有的现实，这就是爱因斯坦狭义相对论建立的过程。

爱因斯坦的升维

狭义相对论的提出引发了严峻的时空观危机。时间和空间都变成相对的概念，这与大多数人在现实中的常规认知是相悖的，所以在爱因斯坦的物理学体系中，时间与空间已经不再是基本的自然定律和独立实体。如果我们把时间和空间合为一体，形成时空（Spacetime）的概念，就会发现，时空在任何惯性系中都保持不变。换句话说，时间是相对的，空间是相对的，但"时空"作为一个整体是绝对的（见图 6-2 ）。

实际上，这也是一种理解相对论实质的方式，是把三维空间升级为四维时空。这并不是在我们当前所处的三维空间的基础上机械地增加时间这一维度，时间和空间不再是独立的实体，而是将"时空"作为一个独立实体，时间和空间是这个实体不同的两个方面；同时，时间和空间还可以通过精确的数学方式相互转换。当然，这种认知在当时也属于一种设想，直至今日，仍没有充足的证据证明其有效性。

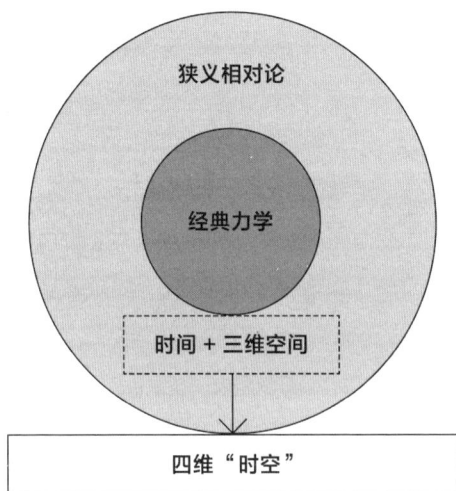

图 6-2　从三维空间升级为四维时空

　　走到这一步，爱因斯坦对于物理学万物至理的追求依然没有停止。他认为，如果时间和空间能够被统一，那么从逻辑上来讲，用时间和空间测量的每个东西也将发生变化，如质量和能量。

　　根据狭义相对论，物体的运动速度越快，质量越大。那么，增加的质量来自哪里？爱因斯坦认为，额外的质量只能来自能量。所以，爱因斯坦把狭义相对论和麦克斯韦方程结合在一起，推导出了科学史上著名的方程：

$$E = mc^2$$

能量	质量	光速

实际上，这个方程打破了牛顿经典力学大厦的根基。在牛顿经典力学的体系中，物体的运动都要遵守"质量守恒定律"和"能量守恒定律"，这也是牛顿经典力学的基石假设之一。爱因斯坦再一次打破质量和能量之间的边界，将质量和能量融合为一个独立的实体，即"质能"，而质量和能量也就成了质能的一体两面。

爱因斯坦用狭义相对论将时间和空间统一为"时空"，将质量和能量统一为"质能"，他是如何做到的？答案是升维。爱因斯坦认为，在问题的原有维度上不能解决问题；在原有维度上，只能呈现问题；只有换一个维度，才能解决现有问题。

高能物理和理论物理领域重要的学者之一、日裔美籍物理学家加来道雄在其著作《超越时空》中提到，"自然规律在高维空间更简单。"升维不仅是一种简单的思维方式，还能够帮助我们有效地打破原有的认知边界。

推导出的广义相对论

在推出狭义相对论 10 年之后，爱因斯坦又提出了"广义相对论"[1]，彻底推翻了牛顿的经典力学。爱因斯坦发现，在牛顿经典力学体系中，最重要的隐含假设就是"万有引力"。

在牛顿经典力学系统中，科学家并没有就引力这种概念进行详细的阐述和说明，只是机械地把它作为一种天然存在的力来认知和使用。根据牛顿力学的理念，引力是远距离的、瞬时超光速的神秘作用，而根据狭义相对论，任何物理相互作用的传播速度都不能超过光速。在经典牛顿力学公式的运算下，如果太阳突然消失了，太阳对地球产生的引力会立刻消失，但根据狭义相对论，太阳消失后，对地球的引力还会存在 8 分钟，此处出现了逻辑失洽。

---

[1] 广义相对论（General Relativity）是描述物质间引力相互作用的理论。其基础研究由爱因斯坦于 1915 年完成，1916 年正式发表。这一理论首次把引力场解释成时空的弯曲。

为了打破原有系统的限制，爱因斯坦提出了最大胆、最彻底的推论，从根基上否定了经典力学。他认为，地球之所以围绕太阳做公转运动，并不是因为太阳对地球有一个引力，换句话说，万有引力并不是真正的力，而是时空弯曲的表现。按照爱因斯坦的设想，大质能的物体会造成周围的时空场弯曲，如果有其他物体在这个时空中运动，出于最小作用量原理，自然会呈现出弯曲的运动轨迹。

所以，与其说地球绕着太阳运动，不如说地球在最小作用量原理下，在寻求一个最佳的惯性运动方式而已。在狭义相对论中，爱因斯坦统一了时间与空间、质量与能量；在广义相对论中，爱因斯坦直接在时空和质能之间搭建起了桥梁，用两者的关系重新阐释了宇宙中星体运动的规律（见图6-3）。

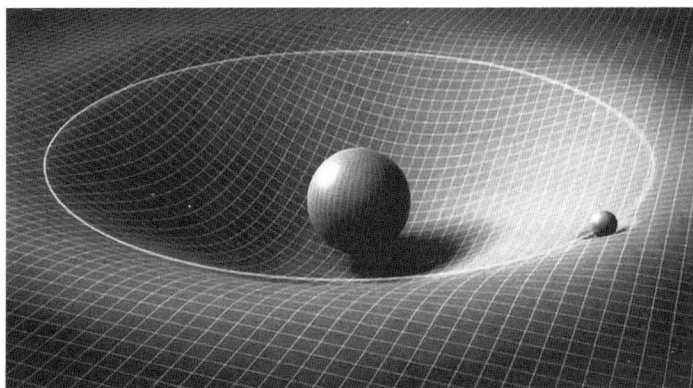

图6-3 弯曲的时空场

如图 6-3 所示，大质能的物体让周围的时空场发生弯曲，爱因斯坦甚至还通过实验测量出了光在经过大质能物体所在时空时运动轨迹弯曲的度数。

1919 年，其他科学家根据爱因斯坦所说的测量方法，在日食时进行了实验和计算，最终得出的数据与爱因斯坦所说的完全一致。当这个消息被公布之后，爱因斯坦的名声大噪，成了科学界的顶级巨星，甚至被人们当成科学的代名词。

在爱因斯坦之前的很多年里，牛顿经典力学认为引力天然存在，出于认知局限，所有人都没有质疑这个隐含假设。爱因斯坦的伟大之处是能够果断地推断，这种群体认知的理念根本不存在，所以提出新的基石假设，推出了"广义相对论"。

爱因斯坦曾说："宇宙最不可思议的是它居然是可以被理解的。"对我们来说，理解宇宙的那把钥匙就是爱因斯坦的广义相对论的公式。通过广义相对论的公式，我们甚至都可以推导出宇宙大爆炸那一刻的情况。所以，爱因斯坦的理论比爱因斯坦本人还聪明，从这句话中也不难理解万物至理的分量和重要性，这也是第一性原理思维之美。

当然，从方法论的角度来讲，我们也可以将爱因斯坦的理论突破认知为第一创新与破界创新。换句话说，爱因斯坦的历次重大突破，完全是哲科思维中第一性原理的突破。

回到商业界，大多数人连爱因斯坦相对论的理念和方程的皮毛都无法理解，这是由物理学的专业性所注定的。但关于他是如何打破原有的物理学系统边界，找到新的基石假设并在此基础上建立新的物理学系统的思维模式，却是我们需要学习和借鉴的。

章

七

从众效应："真理"的真相

在组织中，我们很容易被群体的信念影响，甚至会因此而怀疑并改变自己的观点，与他人保持一致以寻求安心，这就是"从众效应"。破界创新的难点就是隐含假设，而最重要的隐含假设之一就是"从众效应"。对我们来说，只有认知到这个桎梏，才有机会从中跳出来。

破界创新是本书最重要的思维模型，而破界创新的难点就是发现隐含假设。在所有的隐含假设里，我认为最重要的一种就是"从众效应"（Bandwagon Effect）。它是指个体受到他人的影响，会怀疑并改变自己的观点，与他人保持一致以寻求安心。

　　事实上，我们所做的绝大部分决策和事情的隐含假设，就是因为周围的人是这么想的，这就是隐藏在我们内心深处的从众效应，并且其在组织中常常表现为群体信念。本章我们将重点讲述什么是从众效应，以及它对组织（群体）意味着什么。

两种真理观

在讲解从众效应之前，我们先从一个有趣的话题开始：什么是真理？这个问题的答案，通常是最符合实际、永恒不变正确的道理。但究竟是什么决定了我们认为这个道理为真或者为假呢？这就涉及真理的认识论问题。

关于真理，美国费尔菲尔德大学（Fairfield University）的哲学系教授理查德·德威特（Richard Dewitt）的《世界观》[1]一书使我受益良多。在书中，德威特认为世界上存在两种真理观：一种是真理符合论；另一种是真理连贯论。

所谓真理符合论，就是信念是否与客观事实一致，某个信念如果与客观事实一致，就是真理。而所谓真理连贯论，是指信念与群体信念是否一致，某个信念如果与群体信念一致，就是真理。

---

1 理查德·德威特.世界观 [M].孙天，译.北京：机械工业出版社，2018.

真理符合论

一般来讲，真理符合论是绝大多数人的真理观，我们通常认为自己相信的真理都是符合客观事实的。但是，事实并非如此，因为在认知过程中，人们容易把"眼见为实"作为隐含假设去推导客观事实。

虽然，我们一直认为，独立于我们之外、不仰赖于任何人的主观意识而存在的事实，与认知主体、认知思维没有任何关系。但悖论是，对人而言，根本没有独立于"主观信念"之外的"客观事实"，或者说所有的客观事实都存在于我们的主观信念当中。这句话虽然听起来抽象，但并不难理解，因为要想让客观事实成为事实，首先需要经历我们主观的认知。

在《世界观》一书中，德威特举了一个例子，有一个小姑娘萨拉看着一棵苹果树，然后她的大脑中出现了苹果树的客观事实。那么，问题就出现了，当她看到这棵苹果树并形成了对苹果树的印象时，这个印象是绝对客观的苹果树，还是她脑海中的苹果树呢？

答案当然是后者，任何一个客观事实都是与人类大脑中的某些主观意识融合在一起而形成的产物。萨拉所"看到"的苹果树，是且只能是客观事物在她"意识"中的视觉再现，如图 7-1 所示。即使客观事实确实独立于我们而存在，但在我们认知这个事物的过程中，必然会经过大脑的处理，而经历了大脑处理之后产生的认知，无论如何，它都只能是主观信念。

图 7-1　萨拉"看到"的苹果树

也就是说，所谓的客观事实，都是用主观信念覆盖于其上，而且根本无法与主观信念相剥离。如果你没有主观信念，你就无法感受到客观事实，而一旦你用主观信念去处理，那么"客观"两个字就不存在了。

我知道这种对于客观事实的解读，对大多数人来说是一次巨大的冲击。事实的确如此，人类的大脑如同一台照相机，可以把一切看到、听到、闻到、感知到的事物在脑海中"拍摄"成"照片"，但照片始终只是照片，可以反映事实，却永远不等于客观事实。我们只能将相片与相片进行比较，而不能将相片与物体进行比较；换句话说，我们只能将信念与信念进行比较，而不能将信念与事实进行比较。

说到这里，我相信很多人会产生疑问，如果人类大脑对外界认知的过程和使用相机拍照一样，只要相机拍摄得足够准确，那么我们是不是同样可以得到真理？单纯从拍摄的角度而言，随着技术水平的不断提高，相片确实可以越来越趋于完美地还原外物。但越来越高清的相片，真的就越来越接近事实吗？

事实上，人类对客观世界的感知有且只有眼、耳、鼻、舌、身5条感官通道，分别产生视觉、听觉、嗅觉、味觉和触觉。其中，视觉和听觉最为重要，人类一生中获得的所有认知，80%来自视觉，18%来自听觉。即便是最重要的视觉，其功能也并不足以认知到现实中的所有事物。我们的感官系统在认知过程中通常会"扭曲"外物，这就意味着，我们大脑

"拍摄"的照片往往都是错误的。

　　以颜色为例,视觉只能感应到对象全部属性中的感光属性,且只能感应到部分光段（700~400纳米波长）,俗称"可见光"。其实肉眼可见光在所有的频段中,只占了仅仅十万分之一,如图7-2所示。

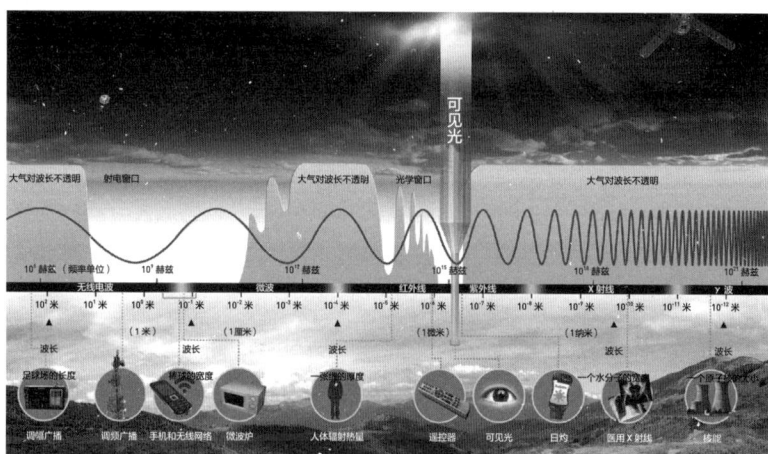

图7-2　人的可见光频段示意图

　　更糟糕的是,光原本只是能量,是波长,但是视觉把光的波长扭曲成"颜色"。当我们看到绿色树叶的时候,实际上是光通过树叶折射到眼睛中经过大脑处理后,认为这个东西与既有的绿色模型接近，于是才产生了树叶是绿色的认知，如图 7-3 所示。所谓颜色，并不是客观事实，只是大脑中的主观模型而已。

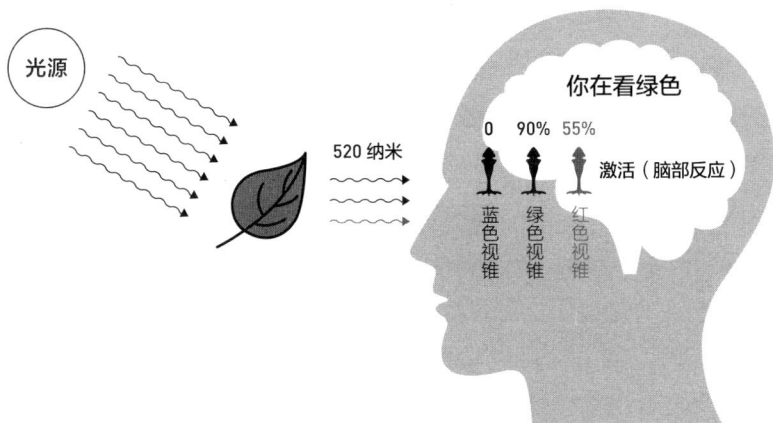

图 7-3　人对树叶的颜色认知示意图

　　除了视觉，其实还有听觉、嗅觉、味觉、触觉等感官所感知到的事物，都是我们的大脑对外界的主观认知。从这个角度讲，我们生存的真实世界，可能既没有颜色，也没有声音，它们都是假象。正如释迦牟尼在《心经》中所说的那样："是故空中无色，无受想行识，无眼耳鼻舌身意，无色声香味触法。"

　　其实明朝著名的心学家王阳明先生也说过这样的话："心

外无物，心外无理。"意思是说，所有的事物和道理都存乎于心。据说，有一次王阳明与朋友同游南镇，有一个朋友指着岩中花树问王阳明："天下无心外之物，如此花树在山中自开自落，于我心亦何相关？"意思是说，王阳明认为心外无物，可是山中的花根据自然规律开放、凋谢，与人的心有什么关系呢？王阳明回答说："你未看此花时，此花与汝心同归于寂；你来看此花时，则此花颜色一时明白起来，便知此花不在你的心外。"意思是说，人们没有看到这些花的时候，关于花的认知也不会在人的心中浮现，而当人们看到这些花的时候，内心自然而然就想到了花的颜色，所以这些花还是在人们的心中。

所以，我们从小到大信奉的"眼见为实"的准则未必很准，恰恰是眼睛扭曲和遮蔽了事实。我们所认同的正确，只是一种在"简化"和"扭曲"之后的约定俗成。

那么，感官系统为什么不能感知客体的全部属性？为什么一定要"简化"和"扭曲"外物呢？

从生物学的角度来说，"如果人的眼睛就是光谱仪，耳朵就是振频仪，从而要求人体的整个神经系统包括中枢系统，必须相应地变构为一个远比现代最先进的互联网和超大型计算机还要敏捷高效的信息处理系统，那么，即便把人体代谢所产生的全部能量都调动出来，也无法应付上列能量需求的万分之一。"这是王东岳老师在《物演通论》一书中写下的一段话。因为自然万物运动和结构总是采取某种最简便、最经济的方式，这就是所谓的"最小作用力原理"，从这个角度讲，"人类的感知系统，不是为'求真'设定的，而是为'求存'设定的。"

人类用这种简化和扭曲了物态的感官系统，有效地建立了我们的生存辨识系统，但同时也付出了永远无法认知世界"真相"的代价。我们只能感受到我们主观感受到的东西，永远不能直接感受到所谓客观存在的客体。从这个角度理解，我们从小到大学习的一切知识都是人类的主观思维模型，而不是客观世界的真实反映。

虽然听上去非常难以接受，但这就是事实，在人类与客体之间永远隔着一条大河或者深渊，我们永远不知道河的彼岸是什么。就像康德所说，我们完全无法了解真实的客观事物，能够知晓的只是表象，即所谓的"现象界"，而真实的世界被称为"物自体"，所以我们只能认知现象界，却无法认知物自体。我们沮丧地发现：由于人类思维不可克服的结构性缺陷，人类根本没有能力确定客观世界到底是什么样子的。

我们回到这种真理观的起点，真理符合论是绝大多数人默认的对真理的判定标准，但是其中的隐含假设，也就是客观事实这个定义居然是不成立的，如果客观事实无法判定某个信念是否为真，那么真理符合论自然也就不成立了。

真理连贯论

　　我们再来看人类判别真理的第二条路径——真理连贯论，也就是根据信念与群体信念的一致性，判断信念是否为真理的方法。简单来讲，如果某个信念与群体信念一致，那么这个信念就被认为是"真理"。

　　当我提出这个理论时，相信大多数人第一时间就会站出来反驳，认为自己不会受到他人的影响而改变自己的认知。实际上，我们一直在被群体信念影响，更可怕的是这种影响是潜移默化的，在不知不觉中就改变了我们的认知模式。

　　我们姑且不去考虑真理连贯论的后果如何，单纯从理论的角度推导，其实真理连贯论也有一个明显的漏洞。如果用群体信念作为判别真理的标准，那么这个群体信念本身是否为真由谁来判定呢？我们可以换一个角度来描述这个问题，作为身在群体信念之中的个体，如果群体信念本身出现错误，我们能否发现并纠正这个错误？

直觉上，我们觉得这很容易，只用将群体信念与客观事实进行比对就可以判断群体信念是否正确。但是，这不就是我们前面所讲的真理符合论吗？既然客观现实的真实性无法证明，即实践不能检验信念，那么我们就只能通过推导群体信念的第一性原理是否为真判断群体信念是否正确。

　　这样，我们就会陷入所谓的"群体连贯论"，也就是用一个更高维度的群体信念去证明另一个群体信念的正确性，换句话说，我们用来证明对象的证据，恰恰是我们要证明的对象本身。这种自证其明的推导，显然是一种无法完成的循环论证。

　　此时，我们发现无论是真理符合论还是真理连贯论，它们判定出来的真理实际上都是某种形式的群体认知，离真正的真理还有很大的差距。德维特在《世界观》一书中也解释过："我们的信念有直接经验、事实证据的其实少得惊人。多数信念（甚至全部信念），我们相信它们，是因为它们与我们所在的群体信念体系连贯所致。"

所有人相信的真

所谓客观，其实一直是一个错误的词汇，因为只要具备"观"的过程，客体就会被主观认知覆盖；甚至连"真理"都是一个自我背叛的词，"真"经过"理"的过滤就会失真。

王东岳老师在《知鱼之乐》[1]中曾经提到，"'真'这种东西，原本应该是指剔除了主观性之后所预留下来的纯客观成分，可你借以获知对象的唯一手段偏偏就是那主观属性本身，除此以外，你一无所有。"这句话深刻地阐明了人类思维的终极窘境，叫作"形而上学禁闭"，我们只能用我们的主观认知属性去认知客体，那么当然就被主观属性禁锢。

这种认知边界在商业场景中同样广泛存在，著名经济学家布莱恩·阿瑟（Brian Arthur）在《技术的本质》[2]一书中，

---

[1] 王东岳. 知鱼之乐 [M]. 西安：陕西人民出版社，2012.

[2] 布莱恩·阿瑟. 技术的本质 [M]. 曹东溟，王健，译. 杭州：浙江人民出版社，2014.

写到这样一段话："当我们去处理情况时，会使用一个由一套假设、期望和经验构成的参考系。我们对那些不符合这种参考系的事物往往采取忽视、误解或否认的态度。结果是，我们通常只能看到我们想看到的东西。这个参考系是不可能被铲除的，没有了参考系，也就没有了我们自己。"

所谓真理的真相，就是这么沉重。根据最新的科学发现，大多数人自幼接受并确信的实证事实的信念，都是被错误理解的概念性事实。而世俗意义上的"真理"就是，所有人都相信的就是真的。

赫拉利在《人类简史》中也提到类似的理论，他认为有一种特别的虚构故事叫"主体间共识"，即使只是虚构的故事，但经过群体的认可，这个故事就成了所谓的真理。

比如，金钱是真的存在吗？现在大多数国家正在使用的纸币本身没有任何价值，只是人们形成了共同的认知，所以才默认了金钱是有价值的。同样的道理，宗教等好多概念，其实都是相信的力量而已。其实，这些现象的背后隐藏着一个可怕的现实，我们把群体信念当成了认知的隐含假设，如图 7-4 所示。

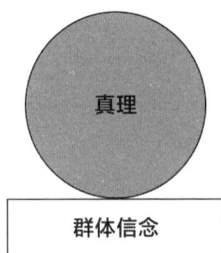

图 7-4　真理的隐含假设

　　在这种隐含假设的影响下，我们经常会以群体认知评判一个人的对错，如果我的信念与集体不一样，一定是我错了；如果你的信念与集体不一样，一定是你错了。难道媒体不如你、专家不如你、领导不如你？不合群的人注定错误，这就是从众效应下追求个性的原罪。

从众效应

从众效应是一种深深植根于每个人大脑中的信念体系，虽然我们可能察觉不到，但它一直在影响我们。为什么 P2P 等庞氏骗局屡屡得逞？为什么这些公司向人们承诺不合理的高投资回报率，依然有那么多人愿意相信？

究其根源，无非就是因为大量的人都参与了这个项目，无论是同社区的居民，还是其他的高级知识分子或专业投资人员，我们相信这些参与投资的人会做出自己的判断，既然这么多人做出了同样的判断，那么这个项目一定是可行的。事实告诉我们，诈骗者就是利用人们的从众心态，制造骗局吸引了大量的人跟风跳进了陷阱。贪婪、无知不足以解释这种盲目的跟风，即便在受伤害的人中有很多是聪明人，但共同的集体信念，哪怕是明显违背常识，也会主导群体思维。

类似的疯狂也曾经发生在 17 世纪末到 18 世纪初的英国，史称"南海泡沫"。1720年，英国突然出现股市的热潮，原本稳定的股市，从2月开始股价飞速增长。当时著名的科学家牛顿也投资了7000英镑入市小试牛刀，只用了短短1个月的时间，投资的本金就得到了双倍的回报。但是作为一个对经济规律有一定了解的科学家，牛顿认为这种速度的增长是不正常的，所以他果断地抛售了手里的股票。但事情并没有像牛顿预料的那样，在他退市之后，股市依然在增长，而且增长的速度再一次得到了提升，越来越多的人前赴后继地涌入股市。

于是，牛顿对自己的认知产生了动摇，他认为可能是自己忽略了某种商机的存在，既然这种增长可以延续，这么多人都进入了股市，说明这种增速是有道理可言的。所以，牛顿在7月，再次进入股市，虽然进入之后，股市又迎来了一波发展的高潮，但好景不长，从8月开始一直到11月，3个月的时间，股市就跌回原来的起点，牛顿受到"南海泡沫"的影响，损失了2万英镑。这对当时的牛顿来说，相当于他10~20年的薪水，如图7-5所示。

"我可以准确地计算天体运行的规律，却无法预测人们的疯狂。"这是牛顿在经历了"南海泡沫"之后所说的一句话。像牛顿这样引领了一个时代的伟大科学家尚不能免除从众效应的影响，更何况我们这些凡夫俗子。

身处群体之中，即使群体信念错了，原则上我们是不可能看出群体在犯错，这就是所谓的真理的结构性缺陷。所以"皇

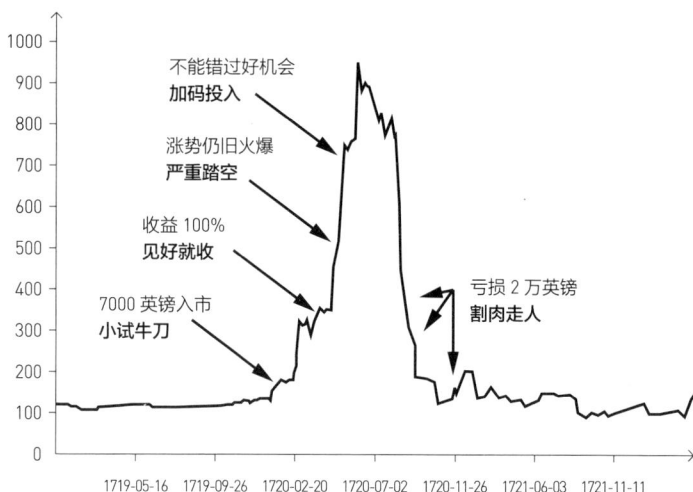

不能错过好机会
加码投入

涨势仍旧火爆
严重踏空

收益 100%
见好就收

7000 英镑入市
小试牛刀

亏损 2 万英镑
割肉走人

牛顿进入和退出南海股票的时间点

图 7-5　牛顿在英国"南海泡沫"中的投资表现示意图

资料来源：Marc Faber，Editor and Pablisher of "The Gloom, Boom & Doom Report."

帝的新装"只不过是童话而已，现实生活中的我们是看不出群体犯错的。即使我们看出来了皇帝新装的骗局也不敢说，即使说了也没有用。

　　"众人皆醉我独醒"其实是一种更可怕的状态。因为从众效应就像一个群体信念黑洞，独自对抗黑洞的孤独感和无力感需要极大的定力。这也是为什么在现实中，很多人认识到了群体信念的缺陷却始终不敢言于人前，个体的清醒在集体的狂欢中从来都不会引人注意。

逃不脱的乌合之众

说到从众效应，无论如何也绕不开群体心理学，而从这个角度进行引申的话，我们可以更清晰地看到从众效应的可怕之处。

《乌合之众》[1]是法国著名的社会心理学家、群体心理学的创始人古斯塔夫·勒庞（Gustave Le Bon）的著作，也是群体心理学的扛鼎之作。勒庞在这本书中把受到从众效应极端影响的人们称为"乌合之众"。虽然这不是一本理性论证的书，而且有点夸张，但从"以毒攻毒"的角度来说，效果拔群。

群体心理学的核心理论认为心理学上所谓的"群体"会表现出某些新的特征，它与群体成员原来具有的个体特征大相径庭。在这个基础上，勒庞又延伸出 3 个重要的观点，即群体无智慧、群体无逻辑和群体无意识。

---

[1] 古斯塔夫·勒庞.乌合之众 [M].董强，译.杭州：浙江文艺出版社，2018.

1. 群体无智慧

大多数人都认为群体智慧要高于个人智慧，比如我们常说的"群策群力""众人拾柴火焰高"等。但勒庞认为，"人一到群体中，智商就严重下降，为了获得认同，个体愿意抛弃是非、智商去换取那份让人倍感安全的归属感。"

其实这个说法并不难理解，人类从狩猎时代开始就学会了抱团取暖，个人依附于集体而获取更强的对抗天灾与野兽的能力。在融入集体的同时，个体不得不压抑自己的个性，去按照集体的规则行事。在这个过程中，个体发现的、可能会让整个集体进步的可能性，就可能会因为不符合群体认知而被迫忽略。换句话说，集体中智商出现突破性提升的个体，碍于群体认知的限制，只能压抑自身智慧的进步。勒庞认为，群体的叠加只是愚蠢的叠加，绝大多数人构成愚昧的群体。正如人们常说的那样，整个世界并不比伏尔泰睿智。

虽然群体发展的水平会阻碍突出个体的迅速进步属于正常现象，但勒庞的这种说法非常极端，不一定对，甚至是不对的，我们在这里展示他的论断，更希望是"以毒攻毒"，引发观者的思考。

2. 群体无逻辑

既然群体无智慧，那么我们是不是可以用逻辑推理的方式帮助群体获取智慧呢？答案是否定的，因为在群体内部，逻辑始终无效。

一方面是因为推理属于人类的后天技能，而群体思维是人类还处于直立人阶段就植根于基因中的认知，所以"群体没有任何批判性精神，群体不会推理或总是错误地推理"；另一方面，"逻辑的法则对群体不起作用，群体只会形象思维，也只能被形象打动"。所以，优秀的演说家靠的总是感性而不是理性。

对群体而言，"做出简洁有力的断言，不理睬任何推理和证据，是让某种观念进入群众头脑最可靠的办法之一"，而"夸大其词，不断重复，言之凿凿，绝对不以说理的方式证明任何事情，是说服群众的不二法门"。

3. 群体无意识

群体无意识，我们也可以理解群体无自由意志，这是让我最为悲愤的一点。迄今为止，一个单独的客体是否具有自由意志在哲学领域并没有找到最终的答案，但是在群体中，个体没有自由意识这件事情几乎可以被称为最终论断。

勒庞认为"在群体中，个体不再是原本的那个自己，而变成了不再有独立思想的傀儡"，因为"群体最渴望的不是自由，而是服从"。

在狩猎时代，人们要想存活下来，必须依附于一个强大的群体或者说一个强大的群体领导者，因为只有群体和领导者足够强，才能捕捉到足够多的猎物，让人们生存下来。所以在人类内置的基因中，服从是与生俱来的，而自由才是随着社会的发展逐渐在人们的身上发挥作用的新元素。正因为如此，人们总是习惯于听从强者的指令，比如员工听从管理者的指示，子女服从父母的安排。

为了证明群体中不存在自由意志，1971 年，美国斯坦福大学的心理学教授菲利普·津巴多（Philip Zimbardo）组织了一次模拟监狱实验，这就是后来臭名昭著的"斯坦福监狱实验"。

在这个实验中，志愿者分别担任狱警和囚徒两种角色，在模拟真实监狱环境的地下室中共同生活。整个实验条件无限接近于现实的监狱。充当囚徒的志愿者穿上囚服，被关押在隔间中，使用编号代替姓名，不能自由活动，每天只有固定到走廊放风的时间。对于担任狱警的志愿者，没有进行预先培训，只是告诉他们可以使用一切手段来维持监狱秩序和法律的威严。

在这种极度接近于真实的场景中，实验从一开始就失控了，每个志愿者都很快地进入了自己的角色，狱警不断地通过虐待囚徒保持自己在囚徒中的威信，并利用各种安排让囚徒之间互相猜忌；而囚徒也从一开始的反抗到之后的顺从，像极了现实中的囚犯。

随着实验的推进，志愿者原本的个人意识逐渐被实验中的人格取代，甚至有部分充当囚徒的志愿者已经开始把自己看作真正的犯人，而忘记了原有的身份。

最终，主持实验的教授也深深地陷入这个场景，把自己当成主持正义的法官，所以当监狱中不断出现各种不人道的虐待行为时，教授已经忘记了终止实验。如果不是一个来参观的哈佛大学教授看到这些不人道的行为，从而提出抗议，惊醒了主持实验的教授，这个实验可能还会酿下更大的苦果。即便如此，参与实验的志愿者也受到了深入心灵的伤害。

实验的过程让人不寒而栗，正如勒庞所说："个体一旦成为群体的一员，他的所作所为就不会再承担责任，这时每个人都会暴露出自己不受约束的那一面。群体追求和相信的从来不是什么真相和理性，而是盲从、残忍、偏执和狂热，只知道简单而极端的感情。"

心理学家阿希（S. Asch）组织过一个简单的线段认知实验。被测试者需要从图片中选出与标准线段等长的线段。被测试者7人一组，其中6人是实验助手，他们被安排同时选择错误的答案。这只是一个简单的认知实验，但由于实验助手的加入，让原本可以轻松选出正确答案的唯一被测试者出现了心理上的动摇。最终的实验结果是，有高达33%的参与者选择了与协助者相同的错误答案，高达74%的人至少有一次同意了协助者的错误意见。

不涉及理论，不涉及价值观，只是简单的认知，明知道答案是错的，但在从众效应的影响下，人们还是选择了错误的答案，这是一个足以让人悲从中来的现实。所以，加利福尼亚州大学哲学系教授布鲁克·摩尔（Brooke Noel Moore）在《批判性思维》[1]一书中提到，"从众效应是扭曲我们认知的罪魁祸首之一。"类似的话，查理·芒格在《人类误判心理学》[2]中也说过，他认为"从众效应是商业人士最糟糕的误判心理之一"。

[1] 布鲁克·诺艾尔·摩尔，理查德·帕克.批判性思维 [M].朱素梅，译.北京：机械工业出版社，2012.

[2]《穷查理宝典》的第十一部分。

认知如何跳出

了解了从众效应，就不难理解为什么发生在创投圈的一些怪现象。基金募集基本靠公关，判断风口基本靠媒体；项目获取基本靠抬价，尽职调查基本靠审计；风险控制基本靠对赌，投资勇气基本靠合投；投后管理基本靠放羊，GP 收益基本靠管理费。企业之所以这么做，主要原因就是其他人都在这么做。

关于商业社会中的从众现象，巴菲特的老师格雷厄姆讲过一个形象的隐喻——地狱里的石油商。

一位石油大亨去世之后想要升上天堂，但看管天堂大门的守门人告诉他，天堂接纳不同类型人的数量是有限的，而石油商的人数已经满员。石油大亨问守门人自己能不能向门里面喊话，守门人同意了。于是，石油大亨大喊一声："地狱里有石油。"

然后，天堂里所有的石油商推开天堂的大门，跳到了地狱。

最后，石油大亨顺利地获得了进入天堂的席位，但他不愿意进入。他告诉守门人，如果他们都去地狱，说明地狱里可能真的有石油，所以他也要去。

原本只是自己编织的一个谎言，当其他人都相信了之后，自己也就跟着信以为真。这是人类的天性，不可避免。英国的哲学家伯特兰·罗素（Bertrand Russell）说："很多人宁可死，也不愿意独立思考。"因为群体中的独立思考等同于用自己的意识去对抗天性，用思想去对峙身体。

扪心自问，我们真的知道自己每天在忙碌什么吗？我们走的真的是正确的方向，还是仅仅只是随大流的选择。

过去两年，对我产生生理性震撼的事情就是我认识到"从众效应"，知道所谓的真理的隐含假设是"群体信念"，并且这是内置到我们基因里的，它使得任何人都难以逃脱。认知到这种桎梏，我们才有机会跳出。

怎么办？我们还是应该想着如何打破从众天性的限制。因为物种的进化总要依靠出现相对突出的个体，即便一个人的力量相对微小，但随着打破限制的人越来越多，人类终将打破这种限制，走向更远的未来。

章
八

批判性思维：我讲的可能都是错的

科学革命并不是知识的革命，而是无知的革命，商业领域的创新也是如此。批判性思维是创新精神的第一特征，也是打破认知边界的必要条件。只有学会独立思考、普遍怀疑，愿意承认自己的"无知"、敢于质疑群体共识的观点，才可以打破原有的认知藩篱，突破创新。

本书的最后一章将讲解批判性思维，全书也是在不断地应用这种思维方式——不是批判思维的内容，而是批判思维的结构，即寻找到任何系统的隐含假设并打破它。

在第七章中我们已经提到，世界上没有所谓的"客观真理"存在，既然如此，我们在认知、改变这个世界的过程中，应该从何处落脚、从何处起步呢？

首先，我们要明确一点，之所以"客观真理"不存在于现实环境中，是因为人类的认知受到边界的限制。实际上，我一直相信，在世界的源头一定存在一条绝对的真理，只是目前我们无法认知到。

其次，在现实世界中，虽然没有绝对的真理，但却存在大量暂时正确的信念和逻辑。对于活在当下的我们来说，这些暂时正确的理念，足以作为指导我们工作和生活的"基石"，这也是我们前面提及的"求存不求真"。

那么，我们应该怎样判断一个信念是否暂时正确呢？在逻辑学领域，信念"正确"的判断标准是"逻辑三洽"，即自洽、他洽和续洽。在讲解批判性思维之前，我们先了解一下什么是逻辑三洽。

逻辑三洽

1. 逻辑自洽

所谓逻辑自洽，有两层含义：一是这个信念的逻辑体系环节自身可以自圆其说；二是这个信念的逻辑与相关事实之间可以相互证明。

关于信念逻辑体系的自圆其说，不用多说，人们也能够理解。只要信念中的内容在逻辑上可以前后印证，相互说明，并且在印证的过程中没有逻辑错误，自然可以称得上是周全圆融。

逻辑与事实之间的相互验证，通俗的说法就是我们常说的"实践是检验真理的标准"。在通常情况下，成功通过实践考验的信念往往具备暂时的正确性。但在这里我们要注意，实践作为检验真理的标准只存在于逻辑层面。

2. 逻辑他洽

简单来说，逻辑他洽就是信念所处的逻辑系统，要与周边相关的逻辑系统以及更深层次的逻辑系统保持一致。

比如在物理学领域，爱因斯坦说过，自己的理论有可能很快被人推翻，但是热力学第二定律，即熵增定律是不太容易被推翻的。事实上也确实如此，截至今天，物理学领域有很多所谓的"定理"被推翻，但熵增定律始终保持自身的有效性，正因为如此，熵增定律被认定是物理学的底层定律之一。换句话说，任何物理学概念，只有在符合熵增定律、狭义相对论中的光速不变理论等物理学底层定律的基础上，才能作为暂时正确的公理被确认下来。比如，永动机概念，正是因为违反了熵增定律，才被判别为不可能实现的技术。

在商业场景中，所谓的逻辑他洽通常表现为，企业的商业模式和商业理念需要与经济学、社会学、心理学、数学、物理学、生物学、复杂性科学等商业的根基性学科保持一致。

3. 逻辑续洽

逻辑续洽是指原有被证明暂时正确的信念，在时代和场景发生变化之后，依然可以保持逻辑正确。换个角度来讲，当信念涉及的领域内出现新事物、新信息和新证据时，我们必须判断原有的信念是否依然可以与新的经验或信息相融。如果原有信念的逻辑体系出现错乱，就意味着这个信念已经不再正确，不再具备指导意义。

主体性认同

虽然我们可以以逻辑三洽为标准去衡量信念是否具备暂时的正确性，但在实际操作的过程中，依然有两大难点无法克服。首先，逻辑三洽虽然听起来简单，但它是一门高深的逻辑学技能，没有学过逻辑学专业知识或受过专业逻辑训练的人，很难自如地应用这种方法；其次，在逻辑和理性之上，始终存在一个更强大的力量，它阻碍了我们对理念正确的判断，这个力量叫作"我执"，而破除"我执"的过程需要应用批判性思维。

如果说专业知识和能力还能通过勤奋学习和刻意训练来提升，那么"我执"作为人类天性中自然存在的认知局限，很难从思维层面进行自我纠正。

实际上，"我执"属于佛教用语，小乘佛法认为人们对于自我的偏执是一切痛苦的根源，也是轮回的原因。但在这里，我用"我执"这个词想表达的其实是英文"ego"的概念。原本这个词被翻译为"自我价值感""自我"或"小我",但我认为用"我执"这个词来表达更加准确。

想要深刻了解"我执"这个概念,我们首先需要思考一个问题,"我"作为一种人称代词,是人类从幼年牙牙学语阶段最先掌握的词汇之一,也在日常工作生活中被广泛使用,但这个"我"究竟是什么意思呢?

我相信很少有人会觉得这是个问题,因为在我们的潜意识中,"我"就是我。如果一定要为这个问题确定一个正确答案,大多数人会把这个"我"融入场景进行解释,比如我的身体、我的家庭、我的名字、我的事业等,但这样并不能充分解释"我"究竟为何。

实际上,如果从逻辑实体的角度分析,"我"作为人的主体,其实是不存在的。而由于"我"这个概念不存在,所以"我"必须依附于某个主体才能证实自身的存在,这也是为什么我们在表达"我"的时候,经常把它与其他物质联系在一起。从这个角度来说,"我"更像是一种主体性认同,就像在网络环境中,每个人的身份 ID 一样。

作为一种主体性认同,"我执"实际上面向两个不同的维度:一是内容,二是结构。我们主体性认同的内容千变万化,但是结构一直存在且始终如一。主体性认同的结构非常简单,就是我们前面提到的"我的 ××"这种结构。

关于这种主体性认同的结构,在儿童尤其是幼儿身上非常常见,因为幼儿阶段的孩子尚未接受系统教育,在认知和行为方面，受人类天性本能的影响比较大。比如，在我们的生活中，当多个孩子聚集在一起时，经常会出现争抢玩具的现象。因为在孩子的认知中，他把主体性赋予自己拥有的玩具之上，换句话说，"我的玩具"从某种程度上代表"我"，别人抢走我的玩具，等于抹杀了"我"的主体性，"我"自然要拼命抢回来。这种行为在大人看来是不可理解的，但换个标识物，当别人来争抢我们在意的东西时，我们同样也会奋起反抗。

在我们的主体性认同中，玩具作为内容会不停地变化，随着年龄和阅历的增长，我们主体性认同的内容会越来越多，我的名字、我的父母、我的工作、我的社会身份、我的钱财、我的家庭，等等。无论内容如何变化，主体性认同的结构都始终如一。这种结构其实充分说明了"我"并非一个逻辑实体，正因为"我"不存在，所以我们常常忽略这个事实。但同时这种隐性的事物对我们自身的禁锢其实最为强力，就好像思维模式这种思想层面的隐性存在，虽然不可见，却经常将人置于思维定式的旋涡当中，令人无法自拔。

笛卡儿所说的"我思故我在"，其实表达的也是主体性认同的结构，正因为"我"在思考，所以"我"才存在。在这个结构中，不可知的"我"占据了主体的地位，而在大多数人的认知中，"我"的思考却被常常等同于"我"自身来看待。这种常规的认知习惯，实际上导致了一个非常可怕的后果，那就是人类的思想和语言会持续性地陷入二元对立的矛盾中。

因为"我"的思考等同于"我"的存在，所以没有什么东西比思想的正确性更能强化"小我"的存在，而为了证明"我是对的"，必须证明"你是错的"。当人们站在己方正确而对方错误的逻辑制高点上，自然会产生一种思想层面的优越感，因为他们在这个二元对立中证明了自己的存在。

这也是人与人为什么总是会发生争吵，在我们的生活中，99%的争吵其实都不是为了捍卫"我的思想"，而是一种出于本能的对自身存在性的防卫。

我们可以回想一下我们自身以及身边其他人在争吵中的反应，原本只是一个小小的摩擦或矛盾，但在争吵的过程中，这些摩擦或矛盾会逐渐上升到人格与尊严的高度。当我们感受到尊严受到侵害时，实际上就是"我"的存在受到了威胁。我相信很多人都发现过一个诡异的现象，在争吵的过程中，我们会不由自主地从为了某个事件或问题而争吵，变成为了争吵而争吵。而且，即便我们发现了这种争吵的无效性，大多数人依然无法及时停止。这背后就是并不存在的"我"一直在推动着我们，为了自身的存在性而争斗。这不是道理之争，而是尊严之争。

群体信念

　　主体性认同作为一种在人类基因中天然存在的认知与行动倾向，在现实中经常会为我们带来很多不必要的麻烦。但在我们的工作和生活中，还有一种比主体性认同更加可怕的影响力，那就是群体信念，即比"我的思想"更可怕的是"我们的思想"。在这个语境中，"我们"的"我执"更强，而"我们的思想"更能够自证其明。

　　在群体信念中，最重要的隐含假设就是群体经验。简单来讲，就是一旦大家相信了一件事情，作为群体中的一员，我们也会惯性地认同这种观点是正确的。群体信念反映的是个体的认知，但在群体中，原本只是主体性认同的非理性观念，因为得到了群体内部其他人的认可，所以它在一定程度上完成了自证其明的过程，具备了逻辑上的正确性，从而加强了个体的"我执"。

　　随着这种自我认同的逐渐加深，每个群体都会相信自己掌握了真理，并认为"我们"是对的，然后认为"别人"是错的，所以"别人"是邪恶的。

正如人与人之间会为了证明自身的存在而争吵一样，群体之间会为了证实自身理论的正确性而产生斗争，同时这种斗争也会从道理之争逐渐转变为主体存在之争。因为每个群体都坚信自己掌握着真理，而真理是颠扑不破的永恒存在，其他群体反对自己的主张，自然是缺乏理性甚至邪恶的。当某个群体对于其他群体的定位从竞争对手上升到敌人的时候，有序的理性对垒就会逐渐转变为伦理层面的对骂甚至大打出手。

人类最悲哀的理性障碍莫过如此，我们所遭受的最大伤害不是来自所谓的犯罪分子，也不是来自天灾，而是道理之争带来的自我屠杀。

比如乔尔丹诺·布鲁诺（Giordano Bruno）为了维护"日心说"被罗马教廷处以火刑，这只是宗教或信仰之间为了存在之争而相互倾轧的一个小小缩影而已。纵观人类发展的历史，不少战争都是宗教、国家、种族等不同的群体之间的道理之争造成的。

这种所谓群体认知中的道理，实际上也并不是道理，它更像是一种立场，站在群体的角度，尽量捍卫自身存在性的立场。从这个角度来讲，一些群体之间的争论，不是道理之争，而是立场之争，这种争论并不是为了捍卫"我们的思想"，而是为了捍卫"我们自己"。

批判性思维

正是因为有了"主体性认知"和"群体信念"的存在，所以在破除隐含假设的逻辑之前，必须先破除两件事：一是"我错了"；二是"我们错了"。把"我""我们"和"我的思想""我们的思想"之间密不可分的结打开，我认为这是批判性思维最重要的预备性的工作。简单来说，我们要勇于承认两件事情：一是"我错了"；二是"我们错了"。

1. 可证伪的"我错了"

这里所说的承认自己的错误，并不是在日常的工作和生活中，我们因为某些失误而承认错误的行为，它本质上是在要求人们否定自己的存在。所以，承认"我错了"是一件违背人类天性与本能的事情，非常难以实现。

这种否定自身存在的行为，在科学领域被称为"可证伪性"。可证伪性来自犹太裔思想家卡尔·波普尔的批判理性主义，他认为"是否具备可证伪性，是区分科学和非科学的第一指标"。在波普尔的理论中，所谓科学一定具备一个特性，那就是它有可能是错的，所以他认为科学家的第一要务，就是去证明自己研究的科学有可能是错的。

可证伪性并不是从这个理论自身出发去探讨其具备可证伪的或是不可证伪的特性；它更像是一种人类面对理论所抱持的态度。比如一个人相信奇点大爆炸理论，但是如果有新的证据否定了这个理论，而他也愿意承认自己错了，那么这个人看待理论的态度就是可证伪的。

波普尔认为，不具备可证伪性的都不是科学，所以他特别不喜欢西格蒙德·弗洛伊德（Sigmund Freud，奥地利著名心理学家，精神分析学派创始人）。通常来讲，科学家所具备的哲科思维分为两步：第一步是假设；第二步是证明。而弗洛伊德总是提出一系列令人瞩目的、当时看上去非常有道理的假设，但他从未以严格的、科学所要求的方式采取关键的第二步。所以波普尔认为弗洛伊德的心理分析并不能被称为科学，因为分析的标准都是主观的论断，所以无论分析的结果是向左还是向右，总会有不同角度的合理解释方法。换句话说，弗洛伊德的论断是不可证伪的。

此外，波普尔也不喜欢占星术，因为他认为占星术实际上也是在利用人们习惯于对事物进行归纳的解读，再加上一些放之四海皆准的广泛性描述，从而激发人们的共鸣。所以占星术从某种程度上可以被定义为一种语言艺术，既不能证伪，也与科学无关。

真正的科学，比如说爱因斯坦的广义相对论，就具备明显的可证伪性。他甚至预测出光从太阳旁边通过时弯曲的具体角度，这样，如果之后有人验证这个角度是错误的，那么等同于说明了广义相对论是错误的。爱因斯坦之所以愿意将具体的数字公布，就是因为他认为科学研究本身就是一个证伪的过程，他希望有人能够证明他是错的，然后继续将这个学科发展下去。

换个角度讲，如果一个理论总是被置于"不可被证伪"的保护之下，这个理论就不能被称为科学。因为在绝对正确的保护罩下，无论从哪个角度进行展开，这种理论都是完美的。一旦离开了这个保护罩，这种理论就会失去保持有效性的根基。加拿大心理学家基思·斯坦诺维奇（Keith Stanovich）在自己的著作《这才是心理学》中提出了一个小精灵假设，大致的意思是人的大脑中住着两个小精灵，它们控制了人类的一切思想和行为。但是，有一个问题阻止我们看到它们，那就是小精灵有能力发现任何对大脑的侵入（外科手术、X线等），一旦觉察到外界的探测，它们就会消失。无论如何，我们都无法证明这种理论是错的，所以它是不可证伪的非科学。

在现实的工作和生活中，我们随时随地会看到一些不可证伪的信息，但它们对我们的不利影响实际上并不强烈，而最有害的信念就是明目张胆地抵制批评的信念。比如"不要质疑我，否则坏事就会发生"，再比如"信则灵，不信则不灵"，这种既带有一定强迫意味，又没有提出具体参照标准的信息，基本上都是无法证伪的。更可怕的是，信息中的强迫和威胁会令宿主丧失对其进行评估的能力，使逻辑、理性和科学等认知武器纷纷丧失功效。在这里，我奉劝大家，一旦发现身边有人用这样的方式输出信息，一定要及时离他而去。

虽然我们在前面提到，可证伪性是科学领域的一种定义，但同时它也是一个哲学概念，作为一种思维层面的认知态度，我们是否可以据此设计一个可操作的思维工具呢？答案是肯定的，而且这个工具非常简单，那就是承认"我错了"。

虽然听起来简单，但人类并不经常承认自己的错误。无论是在生活中还是在工作中，人们更习惯于为自己的错误找到一个合适的理由进行解释，而不是坦然地承认并接受这个事实。

波普尔认为"能够认识到并承认自己错了，是证明一个科学家仍旧是科学家的标志"。量子物理学领域的顶尖学者朱利叶斯·奥本海默（Julius Oppenheimer）也说过，"在科学界，犯错并不是罪过。生活中也需要这种能力，即脸不红心不跳地说：'我当时搞错了。'这与人们没完没了地去寻找一些合理化说法来为自己先前的错误辩解的做法完全不同。"

实际上，在商业环境中也是如此，我一直认为能够认识到并承认自己错了，是证明一个创业者仍旧是创新者的标志。

2017 年，87 岁的沃伦·巴菲特在一场讲座上，在自己的学生与"信徒"面前，坦然地承认了自己早年投资生涯的遗憾，他说："投资 IBM 是我错了，错过亚马逊因为我太蠢，没有买谷歌股票是一个失误。"他把自己早年投资失败的原因归结于自身的主观原因，被称为"股神"的巴菲特也愿意承认自己犯下的错误，丝毫不会因为虚名而遮掩。

在这里，我要提醒各位投资人，如果遇到认为自己的战略肯定没错，即便出现问题，也要将责任推给负责具体执行的工作人员的经营者，一定不要投资给他。

在一个企业中，经营最大的成本不是试错，而是领导者的"尊严和面子"。当一个领导者认为自己不能犯错的时候，企业内部通常会出现所谓的"承诺升级效应"（Escalation of Commitment）。简单来讲，就是领导者为了维护自己的面子，即便发现错误，也不会停止投入，甚至还会继续追加投入，以证明自己是对的。这样，企业用来保护领导者面子的成本，自然会超过解决问题的成本，而且最终这种追加投入非但不能带来有效的收益，甚至还会成为企业走向下坡路的引路石。

"人非圣贤，孰能无过"，即便是像我们这些授人以渔的讲者，也不敢夸下海口说自己永远是正确的。相反地，我一直相信，能够认识到并承认自己错了，是一个讲者还有资格站在讲台上的证明。就像我在授课时常说的那句话一样："我讲的可能都是错的！"

查理·芒格说过这样一句话："如果哪一年你没有破坏至

少一个你最爱的观念，那么你这一年就算白过了。"这句话对我的影响非常深远，因为我知道大多数人碍于面子，为了拥护自己的观念，经常会坚持一些明显是错误的认知，这也是很多人在离开学校之后，自我发展停滞不前的主要原因之一。但是芒格一直在践行自己的理论，1995 年，71 岁的芒格演讲心理学，10 年后，他把这篇讲稿修改成了著名的"人类误判心理学"。当时 81 岁的芒格认为他能够比 10 年前做得更好，原因在于 71 岁的他没有 81 岁的他知识丰富。承认现在的自己比过去的自己更好，等同于在否定过去的自己，这足以说明芒格早已通过可证伪性打破了自己的主体性认知限制。

美国企业家瑞·达利欧（Ray Dalio）在《原则》一书中提到，"如果你现在不觉得一年前的自己是个蠢货，那么说明你这一年没学到什么东西。"以目前的时间为起点，人们认为过去多久以前的自己是个蠢货，代表了人们自我成长的周期，达利欧的周期是一年，我们自己的周期又是多长呢？这也是判断一个人自我更新速度最有效的指标。

2. 普遍怀疑的"我们错了"

相对于承认"我错了"，承认"我们错了"的难度其实更大，因为在群体中，个体往往是没有主观意识的。换句话说，个体在群体的影响下，很难想到要去证伪。只有在大脑中建立"普遍怀疑"的思维模式，才有可能让个体对群体认知产生怀疑，为证伪奠定基础。

作为生活在社会中的人，我们常常会认为是我们拥有并表达思想，实际上，我们并不是思想的主人。肯尼斯·霍博（Kenneth Hopper）在《清教徒的礼物》一书中提到，"当足够多的人相信一种思想以至于它成为常识的时候，它就控制了我们。不是我们拥有了思想，而是思想占有了我们。"经济学家约翰·凯恩斯（John Keynes）也说过，"困难不在于接受新观念，而在于摆脱旧观念。"

我们每天都在为我们的身体洗澡，但是可曾为我们的思想洗过澡？笛卡儿认为，每个人在一生中都应该至少一次彻底地对自己的全部见解进行一次大扫除。因为我们把许多错误见解当作真理接受下来，这些知识都是非常可疑的。

如果一个人有一篮子苹果，他担心其中有一些是烂苹果，想把它们挑选出来，以免使其他苹果也发生腐烂。那么，他该如何着手呢？其实方法很简单，他应该先将篮子倒空，然后把苹果一个一个地检查一遍，将那些没有腐烂的苹果挑选出来，重新装回篮子里，同时将那些腐烂的苹果扔掉。

其实，这种处理方式就是典型的主体性认知指导行动，只有我们看到并认知到这个苹果腐坏的事实，我们才能把它挑出来，而群体信念掩盖了腐坏的个体。为了解决群体信念对个体认知的遮蔽，笛卡儿设计了一剂猛药，但同时也是一剂毒药，那就是"普遍怀疑"。

说普遍怀疑是猛药，是因为它默认任何信念都是错的；说它是一剂毒药，是因为它让我们从群体信念黑洞直接跳到不可知论的旋涡中，甚至导致虚无主义和相对主义这种不良思维的产生。事实恰恰相反，"不可知论"不但没有造成虚无，其背后的"普遍怀疑"精神反而成为人类文明进步的推动力。这也构成了我们定义的"批判性思维"，即建立在普遍怀疑之上的不可知论，如图 8-1 所示。

图 8-1　批判性思维示意图

不可知论

关于不可知论，赫胥黎说："不可知论是唯一可靠的哲学。"当然，这句话并不全对，但它说明西方哲学家和科学家秉承的基本观念是不可知论。这与我们通常的认知刚好相反，我们认为所谓知识，就是确定的结论，我们思考的逻辑是探寻"正确答案"。

西方流行一句话："人类一思考，上帝就发笑。"王东岳老师说："我们一旦展开感知，一旦觉得我们有所知，就会陷入愚蠢和可笑。由此可见，知识本身是需要无穷追究的深刻话题。而能以不可知论看待世界，表达了对一切确定的知识和结论永远持怀疑态度。"

事实上，不可知论最早出现在古希腊的哲学理论中。苏格拉底被称为雅典最聪明的人，而他最为人所知的一句话就是"我唯一知道的就是我一无所知"。而亚里士多德也说过类似的话，他说："哲学起始于对自然万物的惊异。"惊异象征着未知，而未知代表着不可知论。

自休谟和康德以来，西方主体哲学思想也是不可知论。休谟认为，人类的知识都来自归纳法，如果来自归纳法，那么人类所有的知识都不成立。休谟是第一个质疑知识、时间、空间、因果律存在的哲学家。虽然没有给自己的质疑找到一个准确的答案，但他持续追问这个行为本身比答案的意义更加深远。

康德说过是休谟的追问将他从独断论中唤醒，让他认识到人类永远不能了解这个世界的本源真相，只能了解你所处的这个现象界。所以康德提出了"物自体在彼岸，现象界在此岸，物自体不可知"理论。根据这个理论，康德进一步提出："人为自然立法。"我们的认知越深，边界就越宽，但真正那个世界是不可知的。

说到这里，我相信很多人还是会心存疑虑，为什么不可知论会与进步有关呢？其实道理很简单，我们在讲解破界创新时提到，破界创新最大的障碍就是我们的认知边界，而不可知论告诉我们之前所了解的所有信息和观念都不一定是正确的，这从根本上打破了我们的思维模式。所以"不可知论"不但没有造成虚无，反而是进步的动力，敢于打破一切认知边界，成为"科学革命"的主旨精神。

尤瓦尔·赫拉利在《人类简史》中提到，科学革命不是"知识的革命"，而是"无知的革命"。他认为，科学革命与前现代知识体系的第一个不同之处就是"愿意承认自己的无知"。

1492 年，哥伦布发现了地图上并不存在美洲大陆，让人们突然发现地图原来是错的。于是，1525 年欧洲人更换了世界地图，在地图上留下了大片的空白，激励着欧洲人前赴后继地去填补。从这个角度来说，"科学革命并不是知识的革命，而是无知的革命"。真正触发科学革命的是发现。

既然我们对最重要的问题毫无所知，那么我们为什么还要固守我的思想和我们的思想。历史告诉我们，几乎所有伟大的科学家和哲学家都是普遍怀疑和不可知论者，牛顿在自己的著作《原理》的封面上，写道："我不相信任何假设。"同时他还有一句名言："柏拉图是我的好朋友，亚里士多德是我的好朋友，但我最好的朋友是真理。"

达尔文也在自己的回忆录中，明确表示"我是一个不可知论者，我的后半生坚持传播怀疑主义"。他写道："我在贝格尔舰航行期内，完全是信奉正教的，我把《圣经》中的词句，看作天经地义的权威言行。可是，在1836年至1839年间，我又做了进一步的思考，就是必须有最明显的证据，才能使任何一个头脑健全的人去相信那些作为基督教支柱的奇迹。因此，我逐渐变得不再相信基督教是神的启示了。"

作为一个不可知论者，达尔文通过对科学的持续追问，明白了神学的局限性。普遍怀疑、不可知论的哲学理论对我们的商业认识有什么启发？虽然从众效应将大家禁锢在群体信念黑洞之中，但换个角度想，如果我们可以打破这种群体信念的限制，不正是发展的机会吗？在这里，我们需要了解一个新的概念——反共识。所谓反共识，其实就是将批判性思维、普遍怀疑、不可知论运用到工作和生活中。

反共识

在商业领域，我们来看一个真实的反共识案例。

2001 年，互联网泡沫破灭。为了重振经济，美国政府推出一系列的经济刺激计划，其中包括刺激中低收入者购房的计划，以及多年连续降息，令贷款利率大幅走低，房地产市场也因此蒸蒸日上，房价节节攀高。

但是，巨大的繁荣之下潜藏着危机。2006 年，被称为"华尔街空神""对冲基金第一人"的约翰·保尔森（John Paulson）敏锐地发现，在 1975—2000 年期间，美国房价年度增长只有 1.4%；但在接下来的 2001—2005 年，房价每年的涨幅却在 7%，远远偏离过去的增速，并且当时还出现了房价涨得越厉害、贷款违约率就越低的规则，很多没有偿还能力的人，依然可以轻松地获得贷款。这也意味着，一旦房价暴跌，大批人将还不起房贷，资金链随时会断裂。

看到危险信号的保尔森，在 2006 年 7 月筹集了 1.5 亿美元，以此为第一支用于做空 CDO[1] 的基金建仓。但危机并未立刻显现，房价一路高涨，保尔森的基金也在不断赔钱，同时背离了主流投资方向，他受到了各方的质疑和嘲笑。

2006 年年底，次贷危机初现端倪，保尔森的基金开始扭亏为盈。2007 年 8 月，次贷危机全面爆发，美国房地产市场瞬间崩盘，并席卷了美国、欧盟和日本等世界主要金融市场。最终，反共识让保尔森在次贷危机中获益颇丰。

电影《大空头》（*The Big Short*）便是以保尔森为事迹原型，真实地再现了当时跌宕起伏的剧情反转。当然，保尔森后来并没有回到他鼎盛时期的战绩，甚至从 2015 年开始，保尔森基金连续 3 年亏损，平均亏损率为 16.88%。也许他还有东山再起的机会，但这些都不是我们关注的重点。我们的案例都是"借假修真"，不用在意具体的内容，而应该通过案例去理解思维的框架。

罗素说："这个世界的问题不在于聪明人充满疑惑，而是傻子们坚信不疑。"王东岳老师也提出，"大多数人的共识一定是愚蠢的。但凡常识的东西，都是行将抛弃的谬误。"这种说法可能会言过其实，甚至有偏颇之处，但矫枉务必过正，必须以毒攻毒，才有可能打破群体效应、从众效应的影响。

---

1 一般指担保债务凭证（Collateralized Dedt Obligation, CDO）。

在物理学领域，普通人对物体运动的常识观念几乎都是错的，每破除一个直觉常识，物理学都进步一大步；在心理学领域，心理学家也是通过不断的实验论证，证明之前许多关于人类行为的常识信念是错误的，从而推动心理学向前发展；在商业场景中，达利欧提出，"要想在投资中获得成功，你必须成为一个独立的思考者，因为共识通常都是错误的。"

彼得·蒂尔（Peter Thiel）在《从0到1》中说过，"每当我面试应聘者时，都会问这样一个问题：'在什么重要问题上，你与其他人有不同看法？'好的回答是这种模式：大多数人相信X，但事实却是X的对立面。"他把这种东西称为"秘密"。他坚信，假如一个人能够出人头地，必须有这样的秘密。如果你在所有事情上都与所有人的观点是一样的，你凭什么出类拔萃呢？

贝索斯也从创新的角度论证了打破共识的重要性，他说："我相信，如果你要创新，你必须愿意长时间被误解。你必须采取一个非共识但正确的观点，才能打败竞争对手。"

为什么芒格一直强调"反过来想，反过来想，总是反过来想"，而巴菲特也认为应该"在别人恐惧的时候贪婪，在别人贪婪的时候恐惧"？归根结底，他们都是为了通过反共识找到一个独特且具有优势的发展角度。

我一直认为乔布斯是企业家中最具有反叛精神的一位。在《成为乔布斯》一书中，作者写道："和60年代的其他年轻人一样，乔布斯浸润于反文化运动的浪潮中，充满了质疑精神，渴望挣脱传统的桎梏。乔布斯属于战后婴儿潮一代，他既沉醉于鲍勃·迪伦、披头士乐队的充满叛逆精神的歌词中，也会钻研思想家的著作。在乔布斯的眼中，这些大师都是哲学之王。那个时代所传递的信息显而易见：质疑一切，特别是权威；勇于尝试；上路流浪；无所畏惧，创造一个更美好的世界。"

我过去并不理解反叛的嬉皮士文化，长头发、喇叭裤，无论从哪个角度看都不像是优势文化的代表，但后来才发现嬉皮士运动对于美国是极其重要的运动。因为自从大量的欧洲人移民美国之后，几百年的发展最终导致了思维僵化，而在既有的这个世界中如何形成新的思想呢？有一个很重要的建议叫"隔离"，就是在某一个人群当中形成一个小的趋势，然后慢慢变大直到足以影响整个社会。嬉皮士运动就是年轻人组合起来，与主流隔离开来，反抗主流文化的一次运动。

总而言之，创新精神的第一特征是批判性思维，独立思考，普遍怀疑，反共识。没有批判性思维，认知边界便无法打破，我们需要承认"我错了""我们错了"的勇气。所以，我讲的都是错的，我的内容就是指向月亮的手指，重要的不是指头，而是月亮，不要专注于内容本身，而更应该专注于思维的模型。

后记

走入混沌，是为了走出混沌。

柏拉图在著名的"洞穴隐喻"里说，我们大家都生活在一个洞穴中。你看着墙上的影子，以为那是真实的世界。其实，是火光把洞穴之外的活动，用影子的方式投射到墙上而已。由于你生活在洞穴里，并不能意识到这一切。

所以，柏拉图说，真正的教育不是把墙上被投射出来的光告诉洞穴里的人，而是把洞穴里的人带到洞穴之外，让他自己沐浴在真理的阳光之下。

真理，在洞穴之外，阳光之下。

柏拉图游历各国，在 40 岁的时候回到雅典建立了柏拉图学园。从某种意义上讲，这是西方历史上出现的第一所大学。与所有其他教育机构不一样的是，柏拉图在学园里讲授哲学、数学、物理学等"无用"的学科。

伟大的哲学家、科学家亚里士多德 17 岁加入柏拉图学园，在那里作为学生和学者一直待了 20 年。他按柏拉图"哲学王"

的标准培养了伟大的亚历山大。后来，亚历山大把这种思维方式传遍了西方世界。

"教育是真正的转变"，柏拉图的理念深刻地影响了我。关于什么是教育，柏拉图给了我最坚定的力量。我想，从今以后，我需要改变对自己的定义——我不再只是一名讲者。

过去，我把自己定义为一个老师。我在混沌学园有且只有一个身份，那就是一个教书匠。但是，如果我把自己定义为课堂里的一个老师，讲完之后，人们说"教授，你讲得真好"，这件事情就结束了。换句话说，只要把课讲好，我就没事了。但是，如果你没有真正的收获，我讲得再好，又有什么用？

所以，从今往后，我把自己定义为一个摆渡人，一个传播者。我相信，我讲课讲得好不好并不重要，重要的是大家有没有真正的收获，有没有发生真正的改变。让改变当场发生，这才是一件极其美好的事情。否则我讲得再好，如果听众没有触碰到，所受的教育就是没有用的。

我的书的内容全部来源于我的课程，课程的研发历经 9 年的打磨、沉淀，诚挚地感谢每一位曾参与共建的老师、同学、朋友。只希望你真正习得、发生改变，这是我们向你承诺的交付。

很多人此前都问我，为什么会给混沌学园起"混沌"这样一个奇怪的名字。我想告诉大家，其实，走入混沌，是为了走出混沌。而走出混沌的唯一方式，就是更深刻地理解这个世界。